「一带一路」列国人物传系 总主编◎王灵丽

# 现代10人传

## 风雨变迁海国志

汪洋 刘强伦◎主编

華文出版社
SINO-CULTURE PRESS

图书在版编目（CIP）数据

现代10人传 ：风雨变迁海国志 / 汪洋，刘强伦主编
-- 北京 ：华文出版社，2021.1（2023.6 重印）
（“一带一路”列国人物传系）
ISBN 978-7-5075-5385-7

Ⅰ. ①现… Ⅱ. ①汪… ②刘… Ⅲ. ①人物-列传-中国-现代 Ⅳ. ①K820.7

中国版本图书馆CIP数据核字(2020)第236994号

现代 10 人传

主　　编：汪　洋　刘强伦
责任编辑：谭　笑
出版发行：华文出版社
社　　址：北京市西城区广外大街 305 号 8 区 2 号楼
邮政编码：100055
网　　址：http://www.hwcbs.cn
投稿信箱：784263235@qq.com
电　　话：总 编 室 010-58336239　发 行 部 010-58336202/58336212
　　　　　责任编辑 010-58336237
经　　销：新华书店
印　　刷：三河市嵩川印刷有限公司
开　　本：880×1230　1/32
印　　张：8.125
字　　数：132 千字
版　　次：2021 年 1 月第 1 版
印　　次：2023年 6 月第 4 次印刷
标准书号：ISBN 978-7-5075-5385-7
定　　价：58.00 元

# “‘一带一路’列国人物传系”编辑委员会

# 总　序

## 群星闪耀"一带一路"

"2100多年前，中国汉代的张骞肩负和平友好使命，两次出使中亚，开启了中国同中亚各国友好交往的大门，开辟出一条横贯东西、连接欧亚的丝绸之路。"[①]2013年9月7日，中国国家主席习近平在哈萨克斯坦纳扎尔巴耶夫大学发表演讲，以博古通今的睿智对大学生们娓娓道来丝绸之路古老而年轻的故事。

"我的家乡陕西，就位于古丝绸之路的起点。站在这里，回首历史，我仿佛听到了山间回荡的声声驼铃，看到了大漠飘飞的袅袅孤烟。这一切，让我感到十分亲切。哈萨克斯坦这片土地，是古丝绸之路经过的地方，曾经为沟通东西方文明，促进不同民族、不同文化相互交流和合作作出过重要贡献。

① 《习近平谈治国理政》，外文出版社，2014年10月第1版，第287页。

东西方使节、商队、游客、学者、工匠川流不息，沿途各国互通有无、互学互鉴，共同推动了人类文明进步。”“不同种族、不同信仰、不同文化背景的国家完全可以共享和平、共同发展。这是古丝绸之路留给我们的宝贵启示”，“为了使我们欧亚各国经济联系更加紧密、相互合作更加深入、发展空间更加广阔，我们可以用创新的合作模式，共同建设‘丝绸之路经济带’”。[①]推己及人，高瞻远瞩，引领时代，习主席在阿斯塔纳[②]通过哈萨克斯坦人民，首次向世界发出了让古老的丝路精神再次焕发青春和光彩的时代宣言。

2013年10月3日，习主席在印度尼西亚国会发表了题为《共同建设二十一世纪“海上丝绸之路”》的演讲：“东南亚地区自古以来就是‘海上丝绸之路’的重要枢纽，中国愿同东盟国家加强海上合作，使用好中国政府设立的中国－东盟海上合作基金，发展好海洋合作伙伴关系，共同建设21世纪‘海上丝绸之路’”，“发挥各自优势，实现多元共生、包容共进，共同造福于本地区人民和世界各国人民”。[③]这个倡议和9月7日的演讲异曲同工、

---

① 《习近平谈治国理政》，外文出版社，2014年10月第1版，第287页。

② 哈萨克斯坦新首都名称。

③ 同①，第293–295页。

遥相呼应、互为映衬，完整地提出了“丝绸之路经济带”和“21 世纪海上丝绸之路”的宏伟构想。

从广袤的亚欧腹地哈萨克斯坦到风光旖旎的印度尼西亚，习主席提出的“丝绸之路经济带”和“21 世纪海上丝绸之路”吸引了世界各国的目光。从 2013 年 9 月至 2016 年 8 月，习近平出访 37 个国家（亚洲 18 国、欧洲 9 国、非洲 3 国、拉美 4 国、大洋洲 3 国），对“一带一路”倡议的总体框架和基本内涵做了充分阐述。和平合作、开放包容、互鉴互学、互利共赢的丝路精神，共商、共建、共享的合作理念，驱散了“去全球化”的阴霾，为增长低迷的世界经济注入新的动能。各国纷纷将本国经济发展与中国政府制定的《推动共建丝绸之路经济带和 21 世纪海上丝绸之路的愿景与行动》规划相衔接。“一带一路”倡导的政策沟通、设施联通、贸易畅通、资金融通、民心相通等“五通”，正在以基础设施、经贸合作、产业投资、能源资源、金融支撑、人文交流、生态环保、海洋合作等为载体和依托，在全球掀起了投资兴业、互联互通、技术创新、产能合作的新势头。2016 年中国牵头成立有 57 个成员国加入的亚洲基础设施投资银行（AIIB），2017 年 3 月 23 日迎来 13 个新伙伴。孟加拉配电系统升级扩容项目、印尼全国棚户区改造项目、巴基斯坦国家高速公路项目和塔吉克斯坦杜尚别至乌兹别克斯坦道路改造项目已经获得亚投行金融支持，共商共建成为现实。

“一带一路”倡议得到国际社会的热烈响应。2016年11月17日，第71届联合国大会193个成员一致赞同，通过了第A/71/9号决议，欢迎“一带一路”倡议，敦促各国通过参与“一带一路”，呼吁国际社会为开展“一带一路”建设提供安全保障环境。2017年3月17日，联合国安理会全票赞成，一致通过第2344号决议，呼吁国际社会凝聚援助阿富汗共识，通过“一带一路”建设等加强区域经济合作，敦促各方为“一带一路”建设提供安全保障环境。

2017年1月，习近平主席在联合国日内瓦总部发表题为《共同构建人类命运共同体》的重要演讲，全面深入系统阐述人类命运共同体重大理念，在国际上引起热烈反响，受到各方普遍欢迎和高度评价。3月23日，联合国人权理事会第34次会议通过关于“经济、社会、文化权利”和“粮食权”两个决议，决议明确表示要通过“一带一路”建设“构建人类命运共同体”。这是人类命运共同体重大理念首次载入人权理事会决议，标志着这一理念成为国际人权话语体系的重要组成部分。

“一带一路”不是中国的独角戏，是与亚、欧、非洲及世界各国共同奏响的交响乐。中国恪守联合国宪章的宗旨和原则，坚持开放合作、和谐包容、政策沟通，培育政治互信，建立合作共识，协调发展战略、促进贸易便利化及多边合作体制机制。中国携手100多个国家和地区，依托国际大通道，以陆上沿线中心城市为支撑，以重点经贸产业园区为合作平台，共同打造新亚欧大陆桥、中蒙俄、中国－中亚－西亚、中巴、孟中印缅、中国－中南半岛等国际经济合作走廊进展顺利，中欧班列在贸易畅通上动力强劲，风景亮丽；以海上重点港口为节点，共同建设通畅安全高效的运输通道，实现陆海路径的紧密关联和合作，太平洋、印度洋、大西洋上巨轮往来频繁，不亦乐乎。亚太经合组织、亚欧会议、大湄公河次区域合作等有关决议或文件，都体现了“一带一路”建设内容。丝路基金、开发性金融、供应链金融汇聚全球财富，建设绿色、健康、智慧与和平的丝绸之路，增进各国民众福祉。

“一带一路”是人类历史上从未有过的恢弘蓝图，也是横跨亚非欧连接世界各国的暖心红线。“丝绸之路经济带”包括中国经中亚、俄罗斯至欧洲（波罗的海），中国经中亚、西亚至波斯湾、地中海，中国至东南亚、南亚、印度洋；“21世纪海上丝绸之路”包括从中国沿海港口过南海到印度洋再延伸至欧洲和到南太平洋。一路驼铃声声、舟楫相望，互通有无、友好交往。

在新的时代，在创新古老丝路精神的伟大进程中，习主席专门缅怀丝路开拓者，特意致敬古丝路精神奠基人：“我们的祖先在大漠戈壁上‘驰命走驿，不绝于时月’，在汪洋大海中‘云帆高张，昼夜星驰’，走在了古代世界各民族友好交往的前列。甘英、郑和、伊本·白图泰是我们熟悉的中阿交流友好使者。丝绸之路把中国的造纸术、火药、印刷术、指南针经阿拉伯地区传播到欧洲，又把阿拉伯的天文、历法、医药介绍到中国，在文明交流互鉴史上写下了重要篇章。千百年来，丝绸之路承载的和平合作、开放包容、互学互鉴、互利共赢精神薪火相传。”①这种吃水不忘挖井人的情怀，再次展现了中华民族不忘历史、纪念先贤、展望未来的优秀文化基因，也为中国传记文学学会参加“一带一路”建设指明了方向和道路。

在古老的丝绸之路上，我们不曾相忘：张骞出使西域到过的哈萨克斯坦，山高水长的好邻居巴基斯坦，双头鹰下横跨欧亚之国俄罗斯，草原之国蒙

① 习近平：《弘扬丝路精神，深化中阿合作》，2014年6月5日，习近平在中—阿合作论坛第六届部长级会议开幕式上的讲话，《人民日报》6月6日第1版。

古，喜马拉雅浮世天堂尼泊尔，菩提恒河保佑之国印度，文化瑰宝伊朗，首创法典之国伊拉克，红海门户之国也门，石油王国沙特阿拉伯，波斯湾明珠巴林，雪松之国黎巴嫩，海湾之秀科威特，沙漠之巅阿联酋，半岛明珠之国卡塔尔，波斯湾霍尔木兹海峡守门人阿曼，万湖之国白俄罗斯，欧亚十字路口土耳其，流着奶和蜜之地以色列，欧洲粮仓乌克兰，亚平宁半岛上的文化巅峰意大利，阿尔卑斯之巅的瑞士，玫瑰之国保加利亚，与灵魂对话的思辨之国德意志，欧洲文化殿堂法兰西，欧洲客厅比利时，郁金香之国荷兰，热情如火的西班牙，还有正在脱欧的绅士国度英国，北非金字塔之国埃及，非洲屋脊奉马蹄莲为国花的埃塞俄比亚，香草大岛之国马达加斯加，等等。

沿着海上丝绸之路，我们会领略丛林花园之国马来西亚，花园国度新加坡，千岛之国菲律宾，赤道翡翠之国印度尼西亚；沿澜沧江一路南下，我们不曾相忘澜湄泽润之国越南，千佛之国泰国，高棉的微笑之国柬埔寨，万象之都老挝，印度洋上明珠之国斯里兰卡，印度洋上的明星和钥匙毛里求斯，堆金积玉之国文莱，追求自由之国东帝汶，印度洋世外桃源马尔代夫，骑在羊背上的国家澳大利亚，上帝的后花园新西兰，等等。

“一带一路”沿线国家里，那些千百年来影响了人类与国家、民族命运并与中国曾经有过交往的古今人物，至今还能在教科书、影视剧里看到他们，还能感受到他们在一代一代年轻人身上所生发的影响和魅力。

当然，对于中国人来说，更为熟悉的是丝绸之路的开拓者。曾记否？丝绸之路开拓者中，有汉武帝和他的使节们，有首开大唐盛世的唐太宗及其无数臣民，有再续睦邻通商航海路的宋祖朝廷和无数先贤，还有金戈铁马风漫卷的元代人物，一统江山万里帆的明代人物，环球凉热自清浊的清代人物，东西碰撞溅火花的近代人物，还有经受风雨变迁、勇立海国之志的现代人物，更有丝路明珠敦煌莫高窟的守护者，卫国助邻的将军和通司中外的外交家们。当然，数风流人物，还看今朝，我们不能不浓墨重彩地讴歌那些智通商海，投身到新丝路建设中的当代人物。

耕云播雨，香火延续，智慧传承，历史再续！2100 多年的友好交往历史从未隔断，惠及三大洲的中西交通从未停歇，21 世纪的“中国梦”和“世界梦”汇成了人类命运共同体的时代和弦，响彻在“一带一路”辽阔的长空。也正因如此，2017 年 5 月，北京喜迎来自“一带一路”相关国家的元首、政府首脑、前政要、知名企业家和专家学者等各界代表，以及国际组织的负责人等千名领袖，出席“‘一带一路’国际合作高峰论坛”。“千人盛会”共襄“团结互信、平等互利、包容互鉴、合作共赢”[①]之盛举，共商“沿线各国共同把蛋糕做大，一起分蛋糕”之合作共赢大计。这是中华民族和世界历史上都应该铭记的大日子。

以人物传记写作为己任的中国传记文学学会，在“一带一路”倡议实施中，肩负“讲好一带一路民心相通好故事”的使命和责任，这也是国家赋予我们的根本职责和任务。在中国文学艺术界联合会的领导下，在中国社会科学院国家全球战略智库指导下，中国传记文学学会以赤诚的家国情怀、强烈的时代精神、为人传记的责任担当，在认真调研、周密谋划、精心组织基础上，毅然决定倾注全力组织编写出版“‘一带一路’列国人物传系”。此煌煌百卷传系讲述近千名各国人物故事，集数百位专家作家尽心挥毫，去冬今春，夜以继日……幸得中国出版集团公司华文出版社出版发行。于是，各位读者得以读到手中的这套活泼而不失厚重、有趣而不失学养的列国人物合传书卷。

① 习近平：《弘扬人民友谊，共创美好未来》，2013年9月7日，习近平主席在哈萨克斯坦纳扎尔巴耶夫大学的演讲。

孔子曰："仁者，人也。"让各国的先贤智者的思想光辉，照亮我们探索人类未来的道路。

传记明志，落笔为文，是为总序。

中国传记文学学会会长

"'一带一路'列国人物传系"编委会总主编

王丽 博士

2018年3月8日

# General Editor's Preface

The Belt and Road Initiative was conceived in 2013. On September 7, 2013, Chinese President Xi Jinping proposed for the first time the blueprint in a speech at Nazarbayev University during his visit to Kazakhstan:

> Over 2,100 years ago during China's Han Dynasty, a Chinese imperial envoy Zhang Qian visited Central Asia twice to open the door to friendly contacts between China and Central Asian countries as well as the transcontinental Silk Road linking East and West, Asia and Europe.
>
> Shaanxi, my home province, is right at the starting point of the ancient Silk Road. Today, as I stand here and look back into history, I could almost hear the camel bells ringing in the mountains and see the wisps of smoke rising

from the desert. It has brought me close to the place I am visiting. Sitting on the ancient Silk Road, Kazakhstan has made important contributions to the exchanges and cooperation between different nations and cultures. This land has witnessed a steady stream of envoys, caravans, travelers, scholars and artisans traveling between the East and the West. The exchanges and mutual learning thus made possible have contributed to the progress of human civilization.

... Countries with differences in race, belief and cultural background are fully capable of sharing peace and development. This is the valuable inspiration we have drawn from the ancient Silk Road.

... To forge closer economic ties, deepen cooperation and expand development opportunities between Eurasian countries, we should innovate the mode of cooperation and jointly build an "economic belt along the Silk Road".[①] Considering the interests of the world commnity, taking a broad and long view and leading the new era, in Astana, President Xi, through the people of Kazakhstan, for the first time issued a declaration to the world that the old Silk Road

---

① Xi Jinping, *The Governance of China* (Beijing: Foreign Languages Press, 2014) 287.

spirit would once again be rejuvenated and radiant.

On October 3, 2013, President Xi brought up this topic again in his address to the Indonesian Parliament under the title "Jointly Building the 21st Century Maritime Silk Road":

> Southeast Asia has since ancient times been an important hub along the ancient Maritime Silk Road. China will strengthen maritime cooperation with ASEAN countries to make good use of the China-ASEAN Maritime Cooperation Fund set up by the Chinese government and vigorously develop maritime partnership in a joint effort to build the Maritime Silk Road of the 21st century. China is ready to expand its practical cooperation with ASEAN countries across the board, supplying each other's needs and complementing each other's strengths, with a view to jointly seizing opportunities and meeting challenges for the benefit of common development and prosperity.[①]

The two talks framed the full picture of the

① Xi Jinping, *The Governance of China* (Beijing: Foreign Languages Press, 2014) 293-295.

conceptual "Silk Road Economic Belt" and the "21st Century Maritime Silk Road", which are collectively referred to as "The Belt and Road Initiative". Between September 2013 and August 2016, President Xi visited 37 countries (18 in Asia, 9 in Europe, 3 in Africa, 4 in Latin America and 3 in Oceania), giving a full exposition of the Belt and Road Initiative, from its overall framework to various details. The milieus of peaceful and all-win cooperation, financial integration, trade liberalization, and people-to-people bonds dispel the haze of anti-globalization and inject new vitality to the stagnant world economy.

The Belt and Road Initiative has been received with global enthusiasm. On November 17, 2016, all 193 member states of the United Nations unanimously passed the Resolution No. A/71/9 during the 71st Session of the United Nations General Assembly. This resolution endorsed China's Belt and Road Initiative, encouraged UN member countries to participate in the Initiative, and urged the international community to provide a safe environment for the implementation of the Initiative.

The Belt and Road Initiative is not a solo of China, but a symphony of countries from Asia, Europe, Africa and the rest of the world. By observing the Charter of the United Nations, China adheres to openness and cooperation, harmony and inclusiveness as well as policy coordination in order to bolster mutual political trust, reach cooperation consensus, coordinate development strategies, facilitate trade, and introduce multilateral cooperation mechanisms. China has established partnerships with over 100 countries and international organizations with the goal of jointly building a new Eurasian Land Bridge and developing China–Mongolia–Russia, China–Central Asia–West Asia, China–Pakistan, Bangladesh–China–India–Burma, and China–Indochina Peninsula economic corridors by taking advantage of international transport routes, relying on core cities along the Belt and Road and using key economic industrial parks as cooperation platforms. At sea, the Initiative will focus on jointly building smooth, secure and efficient transport routes connecting major sea ports along the Belt and Road, so as to achieve a closer connection and cooperation between land and sea routes, with the Pacific, Indian and Atlantic Oceans frequented by ships and vessels. Meanwhile, the Asia-Pacific Economic Cooperation

(APEC), the Asia-Europe Meeting (ASEM), the Greater Mekong Subregion (GMS) Economic Cooperation and many other regional cooperation mechanisms have included the Belt and Road Initiative in their relevant resolutions and documents.

We shall never forget the countries along the ancient Silk Road: Kazakhstan, the country visited by the Han Dynasty imperial envoy Zhang Qian; Pakistan, China's friendly neighbor bound by mountains and rivers; Russia, a country symbolized by a double headed eagle; Mongolia, the prairie country; Nepal, the paradise on the Himalayas; India, a land blessed by the holy river Ganges; Iran, a country full of cultural treasures; Iraq, the country where the famous *Code of Hammurabi* originates from; Yemen, the gate to the Red Sea; Saudi Arabia, the kingdom of petroleum; Bahrain, the pearl of the Persian Gulf; Lebanon, a country of cedars; Kuwait, a rising star of the Persian Gulf; United Arab Emirates, a diamond on the desert; Qatar, a gem on the Arabian Peninsula; Oman, the gatekeeper of the Hormuz Strait; Byelorussia, a country with myriad lakes; Turkey, the center of the crossroads of Eurasia; Israel, a country full of milk and honey; Ukraine, the granary of Europe;

Italy, the pinnacle of culture on the Apennine Peninsula; Switzerland, a country in the Alps; Bulgaria, the land of roses; Germany, a home to great minds; France, the cultural palace of Europe; Belgium, the drawing room of Europe; the Netherlands, a garden of tulips; Spain, the land of passion; United Kingdom, the country of gentlemen which is breaking from the EU; Egypt, a country of pyramids in North Africa; Ethiopia, the roof of Africa whose national flower is Calla Lily; Madagascar, the island nation where vanilla grows, and so on.

The Maritime Silk Road links Malaysia, a country of forests and gardens; Singapore, the flowery country; the Philippines, the country of a myriad of islands; and Indonesia, the emerald of the equator. Along the Lantsang River down to the south, we will pass Vietnam, the land nourished by the Mekong River; Thailand, a country of thousands of Buddhist temples; Cambodia, the home to Khmer smiles; Laos, the land of a million elephants; Sri Lanka, a bright pearl in the India Ocean; Mauritius, the shining star and key of the Indian Ocean; Brunei, a kingdom of gold and green; East Timor, a nation of independence; Maldives, a paradise in the India Ocean; Australia, the nation riding on the sheep's back; New

Zealand, the back garden of God, and so forth.

In the countries along the Belt and Road, names of distinguished figures, ancient or modern, who have affected the destiny of mankind, who have rewritten the history of nations, and who have had contacts with China, can still be found in today's textbooks, films and TV shows. We can still feel their enduring influence and charm on generations of young people.

Of course, for the Chinese people, the pioneers of the ancient Silk Road are more familiar. Yet, those who have devoted themselves to the building of the new Silk Road equally deserve our respect. In May 2017 during the Belt and Road Forum for International Cooperation, Beijing welcomed thousands of guests from around the world, including heads of state, heads of government, former politicians, business leaders, experts, scholars, and principals of international organizations. They gathered together in the common spirit of solidarity and mutual trust, equality and mutual benefit, inclusiveness and mutual learning, and win-win cooperation, to discuss how countries along the Belt and Road can work together to make the "pie" bigger and shared by all for mutual benefit.[①] This is a big day that should be remembered as a landmark in the history of the Chinese nation and the world.

The Biography Society of China, which makes it its mission to promote biography writing, shoulders the task and responsibility of telling well the stories of friendly exchanges among people of countries along the Belt and Road. This is also the fundamental duty and task assigned to us by our nation. Therefore, through careful investigation and passionate planning, the Biography Society of China decided to publish a hundred-volume series titled *Remarkable Lives Along the Belt and Road*. This project receives support from the China Federation of Literary and Art Circles and guidance from the National Institute of International Strategy of Chinese Academy of Social Sciences. From last winter till this spring, hundreds of experts were working around the clock on the biographies of a thousand remarkable lives. Here the series is presented to you.

As Confucius said, "Humanity is of humans". Let the lights of those great minds and lives illuminate our future

---

① Xi Jinping, "Promote People–to–People Friendship and Create a Better Future", Speech delivered at the Nazarbayev University, Kazakhstan, September 7, 2013.

path of exploration.

Comments, criticism and suggestions will all be appreciated.

Dr. Wang Li<br>
Chairwoman:<br>
The Biography Society of China<br>
General Editor:<br>
*Remarkable Lives Along the Belt and Road*<br>
March 8, 2018

# 目　录

# Contents

# 引 言

20世纪初，在中华大地上爆发的辛亥革命，被称为是近代中国历史上比较完全意义上的资产阶级民主革命。1912年元月，革命党人在南京成立了临时政府，孙中山被推选为临时大总统，中国历史上，也是亚洲历史上第一个民主共和国中华民国成立。2月，清皇帝发布退位诏书。辛亥革命给中国人民带来的不仅是政治上的，而且也是思想上的解放。革命使民主共和的观念深入人心，反帝反封建的斗争从此站在了一个新的起点。

然而不久，以袁世凯为首的北洋势力窃取了辛亥革命的胜利果实，开始主掌中国。袁世凯为了实现“洪宪”帝制的美梦，在思想文化领域掀起了复古倒退的逆流，以为自己登基做皇帝制造舆论。资产阶级“新学”当时被压挤得透不过气来，没有还击的力量，一些知识分子感到惶惑，没有出路。

全国人民纷纷反对袁世凯称帝，袁世凯像过街老鼠，急出重病，最后因怨气郁结于心，不治而亡。袁世凯是北洋军阀的首领，他死之后，军阀内部群龙无首，在猖狂的帝国主义列强的支持下，北洋军阀后来分裂成了大小不一的众多军阀，比较主要的有奉系军阀、直系军阀、皖系军阀。他们不仅争夺中央领导权，还相互争夺地盘，由此造成了近代中国军阀混战的局面。

尽管如此，孙中山先生领导近代民主主义革命建立的中华民国不同于以往任何历史时期的君主王朝，它是通过资产阶级民主革命斗争而建立的共和制国家。袁世凯复辟以后，一直到北洋政府执政时期，在孙中山先生领导下，许多仁人志士投入了护国护法的前赴后继的斗争。同时大批年轻有为，热心发展祖国科学事业的留学生回到祖国。他们接受了新知识、新思想，大力传扬科学力量的伟大，积极传播当时西方最先进的科学知识。面对当时混乱的政治局面，他们高喊“科学救国”“实业救国”的口号，身体力行，在民国初年的中国青年知识分子和学生中形成一股新的思潮。

民国早期，随着新思潮的广泛兴起，广大知识分子和青年学生迈开了对民主和科学追求的脚步，新文化运动和五四运动就是代表这一时期特征的中国近现代第一次思想解放运动。

新文化运动是资产阶级民主主义的新文化反对封建主义的旧文化的斗争。这个运动是从 1915 年 9 月陈独秀在上海创办《新青年》开始的。1917 年 1 月，蔡元培聘陈独秀为北大文科学长。《新青年》编辑部也随之迁至北京。1918 年 1 月，《新青年》从由陈独秀个人主编的刊物改为同人刊物。李大钊、鲁迅、胡适等参加编辑部并成为主要撰稿人。《新青年》创刊初期，便高举民主和科学两面大旗，反对封建专制和迷信，抨击以孔孟为代表的封建文化思想道德。它又高举文学革命的大旗，主张建立宣传新思想和反映现实生活的新文学，成为新文化运动的主要阵地。

新文化运动是辛亥革命在思想文化领域的延续和发展，是近现代以来中外两种文化碰撞所产生的必然结果。它向封建主义的思想文化展开了针锋相对的斗争，开阔了中国人民的视野，是近现代以来又一次伟大的思想解放运动，影响是极其深远的。

1917 年 11 月 7 日，俄国爆发了十月革命（俄历十月）。李大钊、陈独秀等开始研读、学习和传播马克思列宁主义。这样，新文化运动开始从前期向后期转化，发展成为马克思列宁主义的宣传运动。李大钊在1918年7月后，陆续发表了《法俄革命之比较观》《庶民的胜利》和《布尔什维主义的胜利》等文章，介绍了俄国十月革命的成果。1919年5月，李大钊又将《新青年》第6卷第5号编为《马克思主义研究专号》，发表了他的长篇论文《我的马克思主义观》，系统地介绍了马克思主义哲学、政治经济学和科学社会主义。这些系统的论述，传播了马克思主义。这是马克思主义在中国开始广泛传播的一座里程碑。

新文化运动的发展，推动中国民主革命产生了新局面。1919年五四运动爆发，其基本原因是中国社会的基本矛盾日趋激化以及帝国主义加紧侵略所引起的空前民族危机；再就是因为新生社会力量的增强，中国的资产阶级和工人阶级的力量都进一步壮大；直接导火线是中国在“巴黎和会”上外交的失败。五四运动遭到北洋军阀的严酷镇压，但在人民群众和社会舆论的强大压力下，北洋军阀政府不得不于6月10日释放被捕的学生，宣布罢免曹汝霖、章宗祥、陆宗舆的职务。6月28日，中国代表拒绝在“巴黎和约”上签字。五四运动的直接斗争目标得以实现，取得了重大胜利。

五四运动是一次真正的群众运动，是在马克思主义在中国已得到初步传播的条件下发生的，五四运动作为中国新民主主义革命的开端，摆脱了笼统的排外主义的斗争，斗争的锋芒针对的是帝国主义，以及与之相勾结的中国买办阶级和封建阶级，表现了反帝反封建的彻底性。

随着近代工业和民族资本主义的艰难发展，中国工人阶级以独立的姿态登上政治舞台，逐渐成为中国民主革命新的领导阶级。1921 年 7 月，中国共产党成立，从此，中国人民便以马克思主义这一科学真理作为争取民族独立和自身解放的新的指导思想。在新的历史条件下，中国革命已不再是资产阶级民主革命的一部分，而属于世界无产阶级的社会主义革命的一部分，是一场前所未有的崭新的新民主主义革命。

北洋政府势力瓦解后，全国政局动荡不安。1924 年，适应国内革命斗争的新形势，以孙中山先生为领袖的中国国民党召开第一次全国代表大会，邀请中国共产党的代表参加，实现了第一次国共合作，推动了中国革命斗争的迅猛发展。1925 年孙中山先生逝世，1926 年，广东革命政府遵循孙中山遗志，全力举行北伐，欲统一全国。正当北伐军所向披靡，一路北上，占领南京，革命斗争形势一派大好之际，蒋介石、汪精卫等国民党政客先后发动反革命政变，大肆“清共”，屠杀共产党人和革命群众，借以实现其国民党的一党独裁统治。1928 年东北易帜，南京国民党政府成立，国民党在名义上统一了中国，但是革命和反革命的斗争凸显出阶级矛盾的异常尖锐，国民党内部的派系斗争、地方系军阀的封建割据、中央系军阀和地方系军阀的连年内战，严重地加剧了社会的动荡，给人民带来了深重的灾难。国民党政权为了维护其统治，在经济上，力图推行法币，发展工业，关税逐渐自主，寄望经济的振兴，实际上，蒋、宋、孔、陈四大家族控制着中国政治、垄断着中国的经济命脉，严重地桎梏了社会经济的发展。

“九一八”事变后，面对日寇的侵略和日益深重的民族危机，蒋介石国民党政权采取“攘外必先安内”的反动方针，对中国共产党领导的红军及其红色根据地实施残酷的追杀和“围剿”政策。直至“西安事变”爆发，在中国共产党的推动下，中国抗日民族统一战线才得以基本形成。“卢沟桥事变”后，实现团结御侮的全民族抗战，经过多年艰苦卓绝的斗争，直到 1945 年 8 月，日本天皇宣布无条件投降，中国人民终于取得抗日战争的最后的胜利。

1946 年 1 月政治协商会议在重庆召开，政治协商会议通过了有利于人民的决议，受到全国人民的欢迎。1946 年 5 月，国民政府从重庆还都南京，国共谈判也转到南京举行。可是蒋介石突然借口共产党拒绝从苏北、皖北等地撤退，公然调集 20 万军队，于 6 月大举围攻以宣化店为中心的中原解放区，发动全面内战。

经过近 3 年的解放战争，1949 年 4 月 21 日，中国人民革命军事委员会主席毛泽东和中国人民解放军总司令朱德发布向全国进军令。百万雄师强渡长江，摧毁了国民党军的防线，于 23 日解放南京，宣告国民党在中国大陆 22 年统治的结束。

自抗战开始，代表了封建地主阶级、官僚资产阶级利益的蒋、宋、孔、陈四大家族，公然背叛孙中山的三民主义，利用战争时期的新情况，极力加强官僚资本在整个国民经济中的垄断地位，大发国难财，使官僚资本迅速膨胀。抗战胜利后，国统区的经济由于美国的经济侵略、四大家族的残酷掠夺和内战的巨大消耗而陷入严重危机，币制改革使经济加速崩溃。财政经济的总崩溃，既激起了国统区民众起而为生存进行斗争，也加剧了国民党内部各派矛盾和军事与政治的危机，导致了后来南京政权的土崩瓦解。

可以说，民国时期是我国打碎旧制度、建立新中国的过渡时期。这一时期，我国广大仁人志士为了祖国的独立和振兴、为了人民的自由和幸福而进行的努力和斗争我们不应忘记！在整个中华民国时期，在艰难的条件下，有先进的知识分子和青年学生发起的要民主和科学的新文化新思想运动，具有民族良知和爱国情怀的政府官员在对外关系中艰难寻求国格与尊严的抗争，也有数不清的民族资本家艰难地谋求民族企业生存发展，有全国各界各阶层人民，包括海外爱国华人华侨积极参与争取民族独立自由的斗争……

让我们记住这些具有代表性的人物的名字吧！他们之中，有“民国第一外交家”顾维钧；有“中国奥运之父”王正廷；有“最纠结的法学家”王宠惠；有近代中国文化界的卓越先驱蔡元培；有民国低调的经济学家宋子文；有著名民族资本家荣宗敬；有著名的爱国华侨领袖陈嘉庚；有实业救国的民族企业家简氏兄弟；有“万金油大王”和“报业巨子”胡文虎；有为中国争尊严，参与审判日本战犯的中国大法官梅汝璈等。阅读他们的故事，让我们更加深入地了解这一时期中国社会经济和对外交往的艰难发展，深入理解“一带一路”的战略构想对当代中国社会经济发展的意义，为实现中华民族伟大复兴的中国梦，作出我们的积极贡献。

# 民国第一外交家——顾维钧

顾维钧（1888—1985），字少川，江苏省嘉定县（今上海市嘉定区）人，中国近现代史上卓越的外交家，被誉为“民国第一外交家”。代表作品有《顾维钧回忆录》《外国人在中国之地位》《门户开放政策》等。

顾维钧毕业于美国哥伦比亚大学，1912年袁世凯窃任总统后为其英文秘书，后担任北洋政府总理摄行大总统职。国民政府驻法、英大使，驻联合国首席代表，驻美大使。他在外交中为国家和民族做出了贡献。1919年巴黎和会上拒绝签字，就山东的主权问题据理力争，以出色的辩论才能阐述中国对山东

顾维钧

有不容争辩的主权，为维护中华民族的权益做出了贡献。1945 年 6 月，出席旧金山会议，参加《联合国宪章》起草工作并代表中国在《联合国宪章》上签字。1967 年，定居纽约开始退休生活。1985 年逝世，享年 97 岁。

## 1. 留美求学

从清朝灭亡到国民党退出中国大陆的 38 年中，中华民国外交舞台上自始至终活跃着一些职业外交官，不论是在北洋政府还是南京政府（抗日时迁往重庆），他们不多涉足国内政治斗争，而致力于在外交上为中国争权，顾维钧就是其中一位佼佼者。

顾维钧少年时先在本乡封建式私塾受启蒙教育，后到上海卫理公会办的英华书院受新式教育，学习英语、数学和地理等课程。1900 年考入圣约翰书院。1904 年，顾维钧的父亲顾溶出资送他和施肇基等一批湖北学生赴美留学。顾维钧先在纽约的柯克学院就读，1905 年转到哥伦比亚大学，主修国际法和外交学。课余，他参加“语言社”“辩论会”等活动，主编《哥大旁观者》《哥大人年鉴》。课外活动培养了他敏捷的思路、优美的文采和雄辩的口才。他曾作为哥大学生代表之一（共 3 名）与康奈尔大学学生代表进行辩论比赛，大胜而归。哥大学联选举时，顾得票数为第三名。他以国际法为专业，志向就是为贫弱的祖国力争国权。他因主编《中国学生》月刊而受到当时清朝赴美专使唐绍仪的器重，唐拜见美国总统西奥多·罗斯福时，特带顾维钧一同前往。后来,唐绍仪招顾为女婿。唐与顾的字都是少川，按中国习惯晚辈应避长辈讳，后顾氏行文未用少川字，但诸多史书仍称“顾少川”。

1912 年 2 月，中国驻美公使张荫棠约见正在撰写博士论文的顾维钧（时年 24 岁），通知他说，袁世凯总统来电邀请他回国担任总统英文秘书。其实此事与唐绍仪推荐有关。哥伦比亚大学立即安排顾通过博士论文答辩，使他及时回国就职。此前，顾氏获得了该校文学学士和政治学硕士学位。

## 2. 委以重任

顾维钧回国后不久，1914 年日本帝国主义用战争要挟中国承认亡国的“二十一条”。1915 年 1 月，日本公使会见总统袁世凯，正式提出“二十一条”并要袁保守秘密，声言如果泄密，日本就要对中国采取行动。袁世凯一时没了主张，陆军总长段祺瑞说只要总统下令抵抗，中国军队可以抵抗日军 48 小时。顾维钧当时任总统秘书，他认为此时应利用世界各国同日本的矛盾，特别是美日、英日矛盾。他建议总统把“二十一条”

内容公布于众，因为中国过去许诺保守秘密是在威胁之下做出的，没有义务遵守。总统和外交总长同意这一不得已的办法，顾氏便在美、英公使之间求得同情。不久,外国报纸登载了“二十一条”内容,日本非常难堪。虽然它后来更进一步向北京政府施加外交压力，但终于没敢贸然采取军事行动。

顾维钧初任外交部主事，继升为佥事，不久升为国务院参事，一度任总统秘书，充任重大外事翻译。陆征祥、唐绍仪对顾十分器重，顾参与了当年外交部的改组。

1915 年，顾维钧（27 岁）派驻墨西哥国公使。这是近现代乃至当代中国外交史上最年轻的全权正使。不久，调任驻美国兼驻古巴公使。哥伦比亚大学人才辈出，他们以培养出像顾氏这样的杰出外国学生为荣。

## 3. 外交能手

在 1919 年初的巴黎和会上，由顾维钧等人组成的中国代表团为收回战败的德国原在山东的权益作了不懈的斗争。他们把和会上出卖中国主权的卑鄙交易透露给巴黎的华人和国内新闻界，引发了中国现代史上光辉的第一页——伟大的五四爱国运动，国内民众情绪激愤，使北京政府不得不顺应民心，代表团在巴黎得到国内人民的鼓励和声援。顾维钧、施肇基、王正廷等在国内政府态度不明、代表团团长陆征祥生病入院的情况下，坚决拒绝在严重损害中国主权的《巴黎和约》上签字。他们的爱国行动是伟大的五四运动的一部分。31岁的顾维钧当时失去爱妻（唐绍仪之女）不久，但国难胜过家哀。1月27日，顾维钧在与大会欧美代表交谈中，铿锵有力地表示，中国孔子好比西方的基督，中国的山东好比基督教的圣城耶路撒冷，中国不能放弃山东就像基督教不能放弃耶路撒冷一样。

1919年1月28日，和会举行5国会议，讨论山东问题。日本代表牧野伸显提出德国原在山东的一系列侵华权益均应无条件让予日本。顾维钧即席发言，驳斥日本的无理要求，据法引典，陈情说理，虽无底稿，却条理清楚，言辞得体。演说完毕，美、英、法、意政府首脑纷纷与顾维钧握手拥抱，赞扬致贺。巴黎和会使顾维钧声名大振，国外人士感叹中国的国力与外交官的辩才差距太大。

由于巴黎和会上中国拒绝在对德和约上签字，山东问题遂移到华盛顿会议上得到较合理的解决。巴黎和会上中国5位代表中，团长陆征祥与施肇基不和，王正廷与顾维钧不和，但都是爱国人士和外交能手，而顾氏在才思和驳辩能力上，又似高于众人。

1919年9月，顾维钧调任驻英公使，并被指派出席国际联盟会议。1921 年 8 月，美国总统哈定邀请中、日、英、法、意、荷、比、葡等国代表集会华盛顿，讨论裁减海军军备和远东太平洋地区问题。中国地位与巴黎和会时有所不同，美国不满日本独霸中国，有意抬高中国的地位，以继续推行“门户开放”政策。中国代表团正式代表有 4 人:施肇基、顾维钧、王宠惠、伍朝枢。顾维钧又一次在国际舞台上充分发挥了杰出的外交才能和维系内部团结的能力。美、英两国恐日本退会抵制，让中国与日本直接交涉，由美、英居间调停。中日交涉主要由顾维钧出面。1922 年 2 月，顾与日本代表签订了《解决山东悬案问题条约》及《附约》，为后来收回山东权益和胶济铁路打下了基础。

美国会议结束后，顾维钧回伦敦任所。1922 年 5 月回上海，时值第一次直奉战争，他呼吁停战以共同对外。8 月，出任北洋政府王宠惠内阁代理外交总长。至 1927 年，顾氏多次出任频繁替换的诸内阁外交总长，两次代理内阁总理，一次实任内阁总理和北京政府 3 人摄政之一。顾维钧受到重用，完全是以他的外交才干、学者风度和超党派影响力所取得的。他的工作重点，主要放在对外关系上。顾维钧办外交，不尽为党派主张所挟制，因为中国任何一个军阀或党派都有外国背景；也不常附和舆论或民众情感，因为民众多为一时热情所推动而忽略外交的综合操作艺术。他有自己的原则性，例如1924年处理中苏关系时所持的立场。

1919年和1920年，苏俄发表了3次对华宣言，宣布废除旧约，与中国建立平等关系。1922年8月，苏共中央政治局委员越飞来到北京与刚上任的外交总长顾维钧会谈。越飞做了一番外交政策宣传，但要北洋政府“能在国际事务方面同苏俄合作”，这说明苏俄的和平姿态不是无条件的。顾氏了解到苏俄的意图后，对彼方的合作和支持表示赞赏，但不想个别处理不平等条约问题。越飞对北京的反应失望但不慌，他手中有“牌”，知道中国的南方还有一个孙中山的革命政府，于是他就南下同孙中山联盟。就这样，在国际上比较孤立的苏俄政府和得不到任何列强支持的孙中山领导的广东革命政府之间结成同盟。1924年，苏俄副外交人民委员加拉罕再来北京，同北京北洋政府协商建交、订约等重大问题。苏俄当时就是一方面借广州压北京，另一方面又不同南方革命政府建交而使南方革命派在大原则下退却。苏俄的主要目的是使中国不追随资本主义世界反苏，同时逼迫中国在外蒙古问题上让步。加拉罕来华初与冯玉祥的密友王正廷接触。当时冯玉祥部在北京得势，他把清朝皇室赶出了故宫，冯玉祥的亲苏立场也是明白公认的。王正廷任中方代表团团长，与苏俄代表加拉罕签订了一项草案，遭到顾维钧等人的反对。后来与苏俄谈判由顾维钧主持。顾维钧对苏俄一直有戒备心理，拒绝与苏合作，这固然与他的亲西方思想有关，但他更多地看到苏俄在外蒙古问题上的野心。当时，列宁已经批准了所谓苏蒙条约（1921），并帮助少数蒙古流亡者成立了一个政党。顾维钧对苏所持的坚定立场在当时北京的学生、群众和知识分子中间引起普遍的反对。南方广州的国民党也都谴责顾维钧的立场。孙中山等人在外蒙古问题上态度十分暧昧，这也难怪，因为苏俄在当时是中国革命的唯一朋友。顾维钧由于坚持不向苏俄让步受到了一次可怕的警告。在他与加拉罕谈判期间，有两位青年向他赠送了伪装成礼品的炸弹，幸而他不在家，两个用人代他受了伤。

## 4. 以"私交"服务"国交"

顾维钧学识渊博，对出使国的文化背景、历史、政情常有近似学者般的研究。精通国际法使他在对外交涉中掌握了有力的武器。顾维钧承认国家实力在外交中起着关键作用，但他同时认为实力弱的国家不能自怨自艾。他曾经对人说过："我不相信弱国无外交之说。唯其弱，故依赖外交较强国更为重要。当然，有时候其遭遇的痛苦是难以言喻的。一般而论，法律与公理是交涉的最好武器，武力与感情不能正式应用。一个国家无论如何强大，不能事事都用飞机、战舰、原子弹去威胁人家。”

不卑不亢，温文尔雅，态度坚定而言辞适当，不致使谈判破裂，这些都是顾维钧能赢得国内外普遍称赞的原因。顾维钧认为外交官不能像激进的知识分子那样任凭感情冲动。

清末外交官曾纪泽有一句名言，就是："翻译传述之间,（外交官）可借以停顿时候，想应答之语言。"这在 20 世纪早期与人们的时间观念不太强的原因有关。顾维钧认为这种利用翻译说话时再想应答语言的观点是错误的。他主张在交涉中最好直接对话。因为最好的译员也会在微妙曲折之处不能达意，错用一语，轻则被人误解，重则"一言误国"。外交官直接用流利动听的对方语言交涉，不但能引起对方的重视与敬佩，而且能对突来之变化应付自如。顾维钧的名言是外交官的语言"有如用兵，步步为营，绝不是翻译数分钟够人思考的"。顾维钧的观点对现代外交有现实意义。顾维钧熟练掌握了英文、法文、德文和拉丁文。他不需国际顾问，也不用翻译随员前呼后拥，对外交涉中常单枪匹马应对自如，令当时中外外交界称赞不已。就外交职业素质、才能及风度而论，中国近现代职业外交官罕有出其右者。

五四运动之后，中国人民爱国意识和参政意识越来越强，中国外交有了明显的进步。新一代外交人才不再是清朝年间不懂公法、不齿于与洋人沟通的腐儒。只可惜中国经济落后，内战不止，国力微弱，仅靠外交怎能救国？第二次世界大战时，美国一位五星上将对顾维钧说："你们中国样样不如人，政治不修，科学落后，经济落后，军备亦落后，但言以外交，却办得高明，可以说与国力不相称，日本虽强，但在外交方面却远不及中国。"（《顾维钧与中国战时外交》）对比清朝1842—1895年时期，中国国力相对世界各国，似比民国时代要强，但当时清朝外交常有藐视约法，无理故作强态，或者又莫名其妙地让步，一退再退，似乎毫无底线，让人不可理解。究其根本，在于统治者根本不懂国际公法的内容和作用。19世纪70年代，中国民众不满外国教会害人事件，打死、打伤传教士，中国官员只好枉杀中国人以平息洋人的不满。1923年，北京政府又遇上了一个险些引起外国出兵中国的"临城劫车事件"，却经外交途径，较合理地予以解决。

这年5月5日，19名外籍人士和约200名中国人在临城被劫持。经交涉，劫持者向政府投诚，外国驻北京外交使团连续开会，要中国政府赔款、惩凶，保证今后不发生类似事件。英国公使以武力相逼，要求对中国铁路进行国际共管。

长达4个月的谈判沟通之后，9月24日顾维钧终于给了最后的答复，他的回答主要说明了三点：第一点，“临城劫车事件”不是政府所为，受害者一定会得到相应的赔偿，但绝不是中国政府的道歉补偿；第二点，在铁路治安的管理方面，政府有他们自己的规定，以后他们会加强管理，但没必要进行国际共管；第三点，对于如何惩办有过失的中国官员，这是中国政府应该考虑的问题，外国没有权力干涉。这个冲突事件本身不算大，但是它体现了顾维钧作为外交使者的原则性和职业性。1926 年顾维钧主持外交时，于 11 月 6 日宣布中国和比利时于 1865 年所订之不平等条约到期，不再延长，为后来修改不平等条约的运动提供了一个样板。

顾维钧历任袁世凯、黎元洪、冯国璋、段祺瑞、曹锟、徐世昌、张作霖各期北洋政府的要职，在各派斗争中以对外大局为重，稳健自重，周旋有方，故能长立政坛，具外交家独特风范。顾维钧对这些人物以及一些拥兵军人都能客观评价，或许是出于感激之情，大家跟他的关系都不坏。

1927 年，张作霖不顾国际后果，派兵进入苏联大使馆搜捕共产党人，顾维钧于 6 月两度辞职抗议，隐居西山。国民党北伐军于 1928 年 6 月进驻北京，顾维钧随张作霖退到东北，但到了天津就下了车。后张作霖专车行至皇姑屯被日军引爆炸弹，张重伤而殒，顾维钧免遭大难。国民党政府以为军阀服务为理由下令通缉“反动政客”顾维钧，顾维钧遂携眷逃亡欧美。1929 年，张作霖的儿子、继承父志的东北军少帅张学良归顺国民党政府，顾维钧回沈阳协理政务，经张学良疏说，南京政府对顾维钧“既往不咎”。

顾维钧对日本素有警惕。第一次出使美国时，他就研究日本对华野心和联美制日的策略。日本压服北京政府承认“二十一条”时顾维钧对日态度最坚决，故日本要求中方减少谈判代表来谈判。中国政府只好不让顾维钧参加对日交涉，但顾维钧故意把中日密谈内容向欧美国家“吹风”，引起列强对日不满和中国民众的愤怒，推动全国性抵制日货运动兴起。辅佐张学良时，顾维钧劝张对日强硬，但张以蒋有“先安内而后攘外”的训诫为由，为保存东北军实力，在 1931 年“九一八”事变中不还一枪退出关外。张学良因后来的“西安事变”赢回了舆论，但在“九一八”时，蒋还在江西“剿共”，不知日本全面战略，实际上当时仅东北军兵员几乎与日本全国兵力相等，而几乎是日本当时在东北的关东军的 10 倍。毫不抵抗，东北轻易地被日本占领，使日本野心更大，也使国际上更加轻视中国。

顾维钧政治生涯中与王正廷时有抵牾。巴黎和会、与苏建交谈判时二人政见不同，相互攻击。据说顾维钧被蒋介石政府通缉与当时在南京任要职的王正廷有关，也有书说顾维钧在北京拒绝承认第一次中苏协定是因为与王正廷的旧时芥蒂，可见二人的成见之深。

“九一八”事变、“一·二八”事变后，王正廷被民众舆论轰下国民党政府的外长宝座，施肇基又不愿继任，经张学良推荐，顾维钧当上了南京政府外交部长。不久，他提出设立“锦州中立区”的缓兵之策，为全国民众所不容，上台不久又被轰下了台。原广州、武汉国民政府外交元老陈友仁继任外长，顾维钧当上了“收复东北失地委员会”的主任。

国际联盟会议上中国代表控诉日本侵华，国联派出了以李顿为首的调查团。国民政府派顾维钧代表中国参加这个代表团。这是一个危险的使命。进入敌国占领下的东北，生命受到侵略者的威胁，但顾没有退缩。实际上他是可以找借口避免参与这个难有结果的苦差的。1932 年 2 月到 8 月，顾维钧为调查团起草了一个长篇备忘录，揭露日本侵华罪行。但他主张东北先自治以缓解中日冲突。此举日本反对，中国舆论更不饶顾维钧。国民政府只好派顾任驻法大使，直到 1949 年，他都在驻法、驻英、驻美和驻国联、驻联合国的大使或代表任上。

顾维钧在抗日战争中做出过重大贡献，他曾在国联听证会上痛批日本侵略中国东北的事实，只是国联并未采取措施制裁日本，不过也没反对顾维钧的说法。抗日战争全面爆发之后，顾维钧一直在国外收集日本的外交情报，目的是为了让其他国家实施对华援助。他在国外招募飞行员，购买战争物资，在中华民族的反侵略斗争史上有特别的贡献。而且顾维钧主持、参加了很多中国与反法西斯盟国的谈判，通过他和外交官的游说，英、美、苏等盟国才提供了对华援助。他与其他国家的外交官或政治家有很深的私交，他正是利用这些私交为国家服务。此外，他充分利用公共场合宣传中国抗日的正义性。1941 年以前，中国独立抗日，各国对日姑息妥协。为了争取国际支援，顾维钧发挥其无比之辩才，在集会、广播和外交场合下多次发表演讲，为的是争取美、欧朝野尽早放弃绥靖政策。直到反法西斯统一战线建立后，顾维钧仍在盟国之间穿梭往来，不停地为中国抗战竭尽一个外交官的最大努力。

国民党决策圈有识之士多于原北洋政府统治时期，但因国民党独揽外交大权，顾维钧在回忆录中委婉地抱怨职业外交家在国民党专政之下“主动之机会极少”。在顾维钧为国民政府争取外援时，断乎不知哪些物资会用于内战，哪些是用来打击日本侵略者的。

1946 年至 1949 年，顾维钧任驻美大使，谁都知道这时的中美关系的意义。顾维钧作为国民党政府外交官，发挥了他的影响力去争取美国支援国民党，但美国对蒋介石从不完全信任，蒋对美国用美式民主标准衡量国民党也不满，顾维钧为协调这种矛盾也做出了努力。顾维钧的外交主张是外交相对独立（与陆征祥主张相近），是否正确此处不评，但也意识到了国民党的前途。他对自己这段时间服务于一个形象不好的政府而颇有微言。他在回忆录中说：“中华民国成立以来，将国内政治和对外关系混为一谈，一直是中国的灾难之源。”

顾维钧一般不对主义进行评价，这个受西式民主思想陶冶的知识分子对苏联、对中国共产党也不发攻击之词。相反，他对所接触的共产党人评价都很高。联合国成立之初，顾维钧力主共产党派代表参加中国代表团以显示中国一致对外。在联合国制宪会议期间，顾维钧与中共代表董必武合作很好。顾维钧对董及其助手章汉夫等评价很高。顾到晚年有回归祖国的愿望，可惜因病不能成行。中华人民共和国政府对顾维钧在北京的旧居旧物保存完好，也欢迎顾回祖国来。

顾维钧在民国时期 38 年的历史中几乎没有中断过外交业务，他经历了两次世界大战和中国的政局几次重大变迁，不仅为国内公论所推崇，更为国际外交界所钦佩。巴黎和会，刚过而立之年的顾维钧一席临时发言令全世界为之感动，当时世界几个巨头——美国总统威尔逊、英国首相劳合·乔治、法国总统克里孟梭、意大利首相奥兰多等向这个来自东亚弱国的年轻外交官都伸出了热情的双手。

在国际联盟时代，顾维钧活跃于各国代表中间，是很有影响力的外交家。1919 年，顾维钧是国际联盟条约的起草委员之一。1937 年顾维钧担任第 96 届国联理事会主席，对调解西方与苏联之间关系进行了努力。顾维钧在协调反法西斯统一战线内部矛盾的出色工作受到普遍的赞扬。

1943 年 10 月，美、苏、英、中发表莫斯科宣言，计划建立一个普遍性国际组织，中国跻身于“四强”，实乃美国总统罗斯福之支持，而苏联反对“提携”中国。妥协的结果，中国在“三强”既定宣言上签了字。1944 年 9 月，美国邀请苏、英、中 3 国代表集会于华盛顿附近敦巴顿橡树园，讨论筹建联合国机构的组织草案，中国政府派顾维钧率团出席。苏联认为中国不足以称为强国，英国也有同感，但顾维钧作为国际组织和国际法权威，为争得中国作为强国的发言权而竭尽全力。顾维钧反对在文件中对发起国用“三国”“四国”等歧视中国的字样得到了其他国家的赞同。在联合国组织设置、表决程序、权力分配等问题上，美、苏、英 3 国颇有分歧，顾维钧常居间调停。1945 年 4 月旧金山制宪会议，由中国不同党派、无党派和学者组成的代表团参加，但没能出席巴黎和会、华盛顿会议，当时中国代表团的内部出现大分歧，可顾氏从中协调付出了努力。关于顾维钧对联合国制宪会议的贡献，美国当时的国务卿斯退汀纽斯称赞他“在各种委员会讨论微妙问题时，善能运用机智，贡献殊多”。当时杜鲁门总统在会议结束时，对顾维钧的看法重复了其国务卿的上述赞语。

1956年，顾维钧替补去世的国际法院法官徐谟留下的一年半任期。设在海牙的国际法院（又称国际法庭、国际常设法院）曾选举中国的王宠惠、郑天锡和徐谟为国际法官。10月，国际法院重新选举国际法官，顾维钧的竞争对手为日本法官栗直茂。在两轮投票选举中，顾维钧分别以42:8、36:3击败对手，成为国际法院法官，任期10年。不久又当选为国际法院副院长，直到1967年退休，定居美国。

退休后的顾维钧应哥伦比亚大学之请，将个人的经历和中国外交、国际仲裁等历史口述回忆录，经助手整理成巨篇回忆录，英文稿打印11000多页，于1976年5月28日将全部回忆录文稿及他留存的信函、电文、讲话稿及35册日记等珍贵的史料交给哥大图书馆保存。他拒绝了美国出版机构给他50%的版税。20世纪80年代，顾维钧后代将顾的回忆录副本交由中国社会科学院陆续翻译出版，是难得的研究中国近现代史资料。

顾维钧在海外华人、华侨中享有崇高的声誉。

1977年6月，纽约华人名流自发筹办了规模甚大的顾维钧博士90大寿的庆祝活动，有500多华、美人士参加，为华界盛事。

1985年11月14日，这位杰出的爱国外交家在纽约去世，终年97岁。

## 延伸阅读

### 民国初年倡行新礼仪趣谈

辛亥革命以后，新成立的中华民国临时政府于1912年8月7日颁布《礼制》，倡行新的社交礼仪。从1911年开始，西式脱帽鞠躬礼逐渐在中国城乡推广开来。例如在北京附近的房山县："凡人民见官长，初见递名帖，官长出见，免冠再鞠躬，官长答礼；及退，一鞠躬，官长答礼送于门内。凡常见，一鞠躬，官长答礼亦如之。凡人民集体相见，初见通名刺，宾入，主人迎于门，各免冠一鞠躬；及退，主人送于门外。凡常见，亦免冠一鞠躬。凡卑幼见尊长，初见通名帖，尊长出见，免冠再鞠躬，尊长答礼；及退，一鞠躬，尊长答礼送于门内。若尊长来见，卑幼迎送于门外如前仪。凡常见，免冠一鞠躬，尊长答礼亦如之，如尊长系亲属者，不致送。凡弟子见师长，初见通名帖，师长出见，免冠再鞠躬，师长答礼，及退，一鞠躬，师长答礼送于门内。若师长来见弟子，迎送于门外如前仪。凡常见，免冠一鞠躬，师长答礼亦如之。凡女子相见，及男子、女子相见，均各以其等差，适用以上各礼，惟女子均不免冠。”（《房山县志》）

其他地区也大致如此。如在湖南醴陵：“前代相见仪制，有品官庶人之别。民国阶级既泯，易服色……废除拜跪，官师、宾友、长幼相见，一律改为鞠躬。17 年内政部草定相见礼，虽未公布，而醴陵则早已通行。”（《醴陵县志》）虞乡县亦是如此：“脱帽鞠躬之礼，非惟士子遵行，即农工商民亦无敢稍行违背。”冷眼《鲁风》一书，对韩复榘主政山东时期的吏治整饬状况进行了揭述，其中《三鞠躬礼》条就记载了这方面的一个趣事：“（民国）二十年（1931）秋，第二期行政人员训练所行开学典礼，主席不能亲自出马，派秘书长代表。司仪的人喊：‘全体职教员学生对总理遗像及党国旗行三鞠躬礼……全体职教员及学生对主席代表行三鞠躬礼。’因此，有人说总理遗像及党国旗合得三鞠躬礼，主席代表独得三鞠躬礼。”此外，民国时期帮会组织在开山立堂时也往往采用鞠躬礼。如四川洪门在“开山立堂”时就是如此，据刘骞《参加洪门的亲身经历》

一文所述："当家管事接收誓词后，随即由恩拜兄依次宣布新进的班行位次。新进诸人即向四大盟兄行两鞠躬礼，向全堂兄弟行一鞠躬礼。同时全堂老弟兄以拐子式军礼相还，并致如下的鼓励贺词……"

相见礼仪的改革，是社会生活中的巨大进步。以鞠躬代拜跪不仅行之简便，而且摒弃了传统礼俗中压迫人的等级性和奴隶性。但是，这种源于西方的新式礼节还不能在民间迅速普及，在一些较偏僻的乡村仍循旧礼。如在四川的涪陵地区，"民国成立改为脱帽鞠躬……仪既简易，惟于公会行之。平常相见，虽对尊长，咸尚脱略。乡人则循旧拜跪，即不跪亦必长揖，尚存恭敬卑让之遗教焉"。民间更是有人认为鞠躬礼"诚为简便"，但"寻常庆吊三鞠躬，礼神谒圣亦三鞠躬，未免礼无差等"。所以民国初年相见礼仍然是新旧混杂。

以鞠躬礼取代拜跪礼在婚礼仪式方面更艰难一些。旧式婚礼中，新郎、新娘均需拜天地、拜祖宗、拜见父母，并夫妻交拜。民国初年，新式婚礼已开始在大城市中流行，在婚礼仪式上即以鞠躬礼取代拜跪礼。

《申报》就曾刊出过一篇文章为《自由女子之新婚谈》，它在描述当时文明婚姻礼仪之状况说："宣读婚约，互换约指，才一鞠躬，即携手同归，无傧相催请跪拜起立之烦。"但一般下层社会，尤其是广大农村仍多沿旧习。例如民国二十年（1931）的地方志记载四川南川县："文明结婚，惟学生喜行之，惟学生旅外自娶，始能完全行之；至在本地间有仿者，不过成婚日略采仪式，未经习惯，老辈旧俗多不悦之；乡闾间则概未之见。"

季默《北国见闻录·贺婚联》载："记数年前，有某君在北平与女友自由结婚。其家远处僻乡，得讯颇为诧怪，乃父赶至北平参与婚礼，坚执非行叩首拜天地之仪式不可，卒从之。但对来宾之较文明者，仍用鞠躬。其乡之某学究闻之，乃书一联为贺云：'鞠躬叩首行双礼；朋友夫妻共一伦。'"在丧葬礼俗方面，各地差异更是甚大，其时西方丧葬礼仪虽已逐渐为民国上流社会采纳，但对民间影响甚小。

从民国年间修订的地方志来看，当时民间绝大多数是"丧礼如旧"。旧式丧礼的祭奠、拜跪均未废除。如东北"奉省丧葬，沿习日久，虽不尽遵典制，尚能无戾乎古人"，礼祭时，孝子等都需向亡人灵位及"大宾"等行四拜礼。西北陕西省的同官县民国年间丧礼"吊奠仍行跪拜礼，甥婿、内亲必举哀"。

北京同样如此，胡朴安《中华全国风俗志》中说道："民国时代，凡于婚丧喜事仪制，前清拜跪礼节，今概改用鞠躬。不独总统庆贺，即如祀孔庙，关、岳之春秋祀典，亦屏除繁文，只用三鞠躬礼。乃士庶人家，于治丧礼节，灵前仍设拜垫。亲友往吊者，概用拜跪，不用鞠躬。岂祀神或有迷信，吊丧亦尚有迷信乎？”如此记载，比比皆是。当然也有行新礼，但阻力重重。如 1917 年，湖南慈利县有一还乡官员在其父丧礼中采用了鞠躬礼，结果“阶下群声哗沸，谓以鞠躬易稽颡，父死之谓何兹礼也，不欲观之矣，则一哄立各散去”。

婚丧之外，祭神、祀鬼也行拜跪礼。如 1915 年河南治河稍见成效，于是河防局长以及“文武员穿戴礼服，并在本局大堂陈列香帛供品，中设各路大王神牌位，敬谨致祭，行三跪九叩礼”。一般民众祭神祀祖时，拜跪礼则更为普遍了。山西《翼城县志》载：“民国以前，凡家庭祭祀、会客以及社会交际、吉凶等事，一般人民普通尚拜跪礼。自帝政推倒，国改共和以来，于是有取消阶级之例，而建议平等者，有革除专制之弊，而提倡自由者。一时潮流，举国赞同。新政府以民为国主，定国礼当尊重民意，命礼制馆采取东西洋通行各礼节，无论吉礼、凶礼、祭礼、宾礼、官礼，统改拜跪旧俗而为脱帽鞠躬礼。”以上可见，一个社会的变革，移风易俗之不易。

## 为中华民族新生而奋斗的文化巨人

鲁迅出生于没落旧官僚的家庭，聪明好学，兴趣广泛。少年时，除了在绍兴三味书屋读过“四书”“五经”外，他对具有优秀传统的民间艺术，像戏剧、传说故事等都颇为喜爱。1898 年春，17 岁的鲁迅考入南京江南水师学堂学习，几个月后，转到江南陆师学堂的路矿学堂学习。1902 年 4 月，鲁迅以优异成绩毕业于路矿学堂，获得了官费留学日本的机会。

到日本后，鲁迅首先选择学医，但发生在仙台医学专科学校的“幻灯片事件”，使鲁迅感到“中国人的病不在身体上，而在精神上”。他果断做出弃医从文的决定，离开仙台，来到东京。鲁迅的选择影响了他的一生，也影响了中国现代文学史的格局和进程。

1909 年 8 月，鲁迅从日本回国，先后应邀在杭州的浙江两级师范学堂和绍兴府中学堂执教，还曾应蔡元培之请在教育部任职。1918 年，鲁迅在《新青年》发表了中国现代第一篇白话小说《狂人日记》。小说通过对“狂人”的心理描绘，形象地揭露和控诉了中国几千年“吃人”的历史，堪称五四运动中反封建的最强音。

从此，鲁迅一发而不可收，以揭露封建社会黑暗、封建礼教吃人为主题的作品接二连三地问世，《孔乙己》《药》《一件小事》《故乡》《阿 Q 正传》等相继发表。在《孔乙己》中，鲁迅成功地塑造了一个受科举考试制度毒害而沦落的读书人的形象；《阿 Q 正传》通过阿 Q 这样一个生动不朽的典型形象，深刻地揭示了辛亥革命作为一场政治革命取得了推翻帝制的伟大成功，但作为一场社会革命却很不彻底的深刻原因，反映了处于长期封建统治下的农村社会的落后性和农民的愚昧现状。

1923 年 9 月，鲁迅出版了小说集《呐喊》，将《狂人日记》《药》和《阿 Q 正传》等 14 篇短篇小说收入其中。3 年后，鲁迅又出版了《彷徨》，收有《祝福》等 11 个短篇。

除了小说外，鲁迅也写了大量散文、散文诗以及杂文，如《朝花夕拾》《野草》等。作为一个学者，他还研究中国古代文化，撰写了极具见地和极高史料价值的《中国小说史略》。

1927 年 10 月起，鲁迅先后主编了《语丝》《奔流》和《朝花》等文艺刊物。在阅读并翻译马克思主义文艺理论书籍的过程中，鲁迅的思想发生了很大的变化，他明确地肯定了文化起源于劳动，人民群众是文化的创造者。

1930 年初，鲁迅参加了中国共产党领导的秘密政治团体——“中国自由运动大同盟”，发表著名的讲话《对于左翼作家联盟的意见》,成为“中国左翼作家联盟”事实上的盟主。1931 年 2 月,柔石等“左联”五烈士被害，鲁迅怀着悲愤的心情写下了《黑暗中国的文艺界现状》《中国无产阶级革命文学和前驱的血》，针锋相对而又巧妙地同国民党当局对革命文化的疯狂“围剿”进行不屈的斗争。

在鲁迅的作品中，随处可见他的战斗精神以及他对中国黑暗社会的种种丑恶现象无情的批判，他的作品的思想性和艺术性均达到了炉火纯青的境界。

1936 年 10 月 19 日，鲁迅逝世。上万人自发地为鲁迅先生举行了庄严隆重的葬礼。在棺盖上，民众代表为他覆上了“民族魂”的大旗。“鲁迅是一位为了中华民族新生而奋斗终生的文化巨人”，这是人民大众给他的最恰当的评价。

# 中国奥运之父——王正廷

王正廷（1882—1961），字儒堂，浙江奉化人。民国时期的政治活动家、社会活动家、著名的外交官和体育领袖。14岁即入天津北洋大学堂，毕业后曾赴日本留学，并加入同盟会。26岁始留学美国，获耶鲁大学博士学位。1911年回国。

他是中华民国的内阁成员，先后担任过南京临时政府参议院副议长、代理议长、代理工商部长，北京政府工商部次长、外交总长、代理内阁总理，南京国民政府外交部长、驻美国大使等职务。除了这些政府职位，他还担任过北平中国大学校长、中国红十字会会长、中华

王正廷

基督教青年会总干事、全国道路协会会长等社会性职务。他热爱体育，特别关心中国的体育事业，于1922年成为国际奥委会委员，也是中国历史上第一位国际奥委会委员，是我国现代体育的早期领袖之一。例如他曾是远东运动会的发起人之一，担任过第二、五、八届远东运动会的会长；曾是中华全国体育协进会理事长，是第五、六届全国运动会的筹备委员、审判委员及竞赛委员会主任；他还以总领队的身份率领中国体育代表团先后参加过第11届和第14届奥林匹克运动会。王正廷1952年定居中国香港，任太平洋保险公司董事长，1961年去世。

## 1. 走向外交之路

1904年，22岁的王正廷赴日留学，同年，在日本与孙中山相识，加入同盟会，立志推翻清朝封建统治，使中国走向共和民主富强之路。

1907年，王正廷赴美国留学。先进密歇根大学，后转入耶鲁大学学习法律。1910年毕业后升入研究生院，被选为留美中国学生联合会主席及留美中国学生基督教协会总干事。在留美中国学生中，王正廷不仅是学业突出的优等生，也是善于社交的活动家和革命的吹鼓手。

1911 年，王正廷因父亲去世回上海守孝。武昌起义消息传来，王正廷很快在悲痛中振奋起来。当时复旦大学校长李登辉是王在耶鲁的校友，经李推荐，王正廷赶赴湖北，在黎元洪手下参与起草都督府组织条例，被任命为都督府外交副主任（主任是同盟会会员胡瑛）。12 月，南北和谈时，王正廷是南方全权代表伍廷芳的参赞。年底，王正廷以浙江代表的身份，赴南京出席 17 省联席会议。后当选为南京临时政府参议院副议长。

1912 年 3 月，王正廷出任唐绍仪内阁工商次长，因总长陈其美未到任，由王正廷代理总长。7 月，唐内阁辞职，王正廷回上海，担任中华基督教青年会全国协会总干事。王正廷热衷于宣传体育对提高民族素质的重要性，竭力推广体育运动，要让中华民族甩掉“东亚病夫”的帽子。他与天津教育家张伯苓共同发起组织中华全国体育协进会，并长期兼任该会理事长。1914 年以后，王正廷多次领队参加亚洲运动会和世界运动会。在贫穷落后的旧中国，中国运动员没有在世界性体育竞赛中取得辉煌成绩，但王正廷从不气馁，仍为普及和参与体育而奔走呼号。国际奥林匹克委员会对王正廷在人口众多的体育弱国艰难地宣传体育精神给予高度赞扬。1922 年在巴黎召开的国际奥委会第 20 届年会上，经前国际奥委会主席顾拜旦推荐，王正廷被选为国际奥委会委员，不久后，他又被选为国际奥委会终身委员。这是国际奥委会第一位中国籍委员和终身委员。

王正廷于1913年和1916年两度出任北洋政府参议院副议长。王正廷是老同盟会会员，头脑敏锐，口才雄辩，组织能力强。1917年8月国会被解散后，王正廷应孙中山的邀请南下广州，成为“护法运动”的主要人物之一。是年9月，出任广州军政府外交次长。

## 2. 反对不平等条约

巴黎和会在1919年1月召开，我国为了显示南北统一，所以中国代表团中包括北洋政府和广州军政府的代表，而王正廷是南方代表。会议开始前，王正廷为了扩大南方政府的影响，一定要有一名代表以中国正式代表的资格出席和会正式会议。为此差点导致中国代表团内部危机，后来北方代表团妥协，席位问题才没有影响到我国一致对外的总原则。会议上在谈到山东问题的时候，中国代表团表示会保留意见，王正廷更是明确表示，如果不同意中国代表团的建议，那将拒绝在合约上签字。消息传回中国，国内舆论对于王正廷维护祖国主权的态度评价特别高，孙中山也对王正廷赞赏有加。

1920 年，广州军政府的政务会议凑不齐法定人数，政务职能无法实施，王正廷离穗赴沪，短期经商。1921 年，王正廷至北京就任中国大学校长。同年 5 月，王正廷被北洋政府派任海牙常设裁判法院裁判员。

王正廷痛恨帝国主义迫使中国签订的不平等条约，尤其是外国人在中国的治外法权。华盛顿会议后，王正廷于 1922 年任鲁案善后督办，负责胶济铁路及青岛等地的接收事宜，随后担任青岛商埠督办兼胶济铁路理事长。11 月，出任外交总长，12 月 11 日代理国务总理兼外交总长。王正廷代理国务总理期间曾提出取消治外法权的爱国主张，因当时北洋政府惧怕引起列强侵略而未采纳。

1923 年 3 月，王正廷任中苏交涉督办，负责两国建交谈判。

1923 年 9 月初，苏联全权代表加拉罕（时译喀拉罕）率领访华团到达北京。9 月 4 日，加拉罕在北京对报界发表声明（史称第三次对华宣言）指出，俄国的工农革命政府“现在正在制定完全尊重主权，彻底放弃从别国人民那里夺得的一切领土和其他利益的政策。苏联对中国的政策也是这样”。

加拉罕一行从哈尔滨到北京，受到了中国广大民众、知识分子的热烈欢迎。据当时的北京政府外交总长顾维钧回忆，加拉罕在北京时“外交部和政府其他各部都没有为他举行任何官方仪式”。两国当时没有恢复邦交。建交，正是苏俄代表团访华目的之一。负责中苏谈判的中国代表团团长是王正廷。中俄谈判是艰难的，苏联红军留在蒙古是谈判的主要障碍。双方交涉了9个月之后，于1924年5月31日以换文的形式确定了两国邦交之恢复。同日，顾维钧和加拉罕代表各自的政府签订了《中苏解决悬案大纲协定》。该协定共15条另加7个说明书。主要内容：(一)废止中俄过去一切不平等条约；(二)“苏联政府承认外蒙为完全中华民国之一部分，及尊重在该领土内中国之主权”；(三)重开边界会谈，在疆界未划定之前，允仍维持现有疆界；(四)中东铁路纯系商业性质，所有关系到中国国家及地方主权之各项事务，概由中国官府办理；(五)苏联政府放弃在中国的一切租界及特权，放弃庚子赔款，取消治外法权及领事裁判权，税则平等；等等。

1924年10月、1925年12月，王正廷先后两次出任北京政府的外交总长，后厌于北京政坛的混乱局面，辞职赴沪，任全国道路协会会长。

1926年9月，冯玉祥宣布加入国民党，配合北伐，王正廷应聘参与冯玉祥的军事及经济活动，于1927年夏与南京国民政府建立了联系。

1928年6月，王正廷出任中华民国政府（南京）外交部长。此前，国民党军继续北伐中原，5月间日本为阻挡国民党军队前进，制造了震惊中外的“济南惨案”，10月间，王正廷受命处理“济案”交涉。

### 3. 艰难的斡旋

日本和俄国是20世纪初中国最凶恶的敌人。俄国十月革命后，俄国的威胁大大减低，但日本的侵略威胁却有增无减。1927年初，当北伐军进逼南京、上海时，日本与英、美等国提出“保卫上海”，并派舰沿长江巡逻。1927年4月日本政友会头子田中义一组阁。6月26日至7月7日，东京召开了由首相兼外相田中义一主持的“东方会议”，参加会议的有日本外务省、陆军省、海军省、参谋本部、军令部、关东军的领导人和日本驻华外交官。会上通过了一个“在华行动纲领”。日本不但认为美、英、苏等大国是其侵华的障碍，而且预感到国民党的统一和中国民族资本的壮大也“威胁”其利益，因此加紧扩充军备和干涉中国统一。汉口被中国军队占领后，日租界武装人员开枪射杀中国群众。在厦门的日本侵略者还进入华界逮捕朝鲜爱国者。北伐军第一次进入山东时，日本不顾南京政府的抗议照会，准备以保护侨民为借口动员出兵。北伐军一时被孙传芳的部队在津浦线击败，才使日本失去了出兵开战的借口。

山东在第一次世界大战后陷入日本之手，巴黎和会上中国外交代表拒签将德国在山东之权益转让给日本的和约，华盛顿会议打破了日本独占山东的美梦，但日本依据不平等条约获得在山东等地的驻兵权。1928 年 4 月，蒋介石指挥军队北伐在山东的直鲁军。5 月 1 日克复济南，南京军事司令部及包括外交部在内的各机关至 12 日先后到达济南。5 月 3 日，蒋介石召日本领事至司令部讨论接收之事。日本领事及参谋慨然允诺。3 日上午，一名中国士兵被日本士兵开枪打死，其他中国官兵愤然还击，日本遂猛攻中国军队，中方死伤惨重。当日晚，日军冲入中国政府外交部交涉署，将战时交涉员蔡公时用麻绳捆绑后挖去眼鼻，后又将蔡等 16 位外交人员枪杀。行凶后，日军冲入外交部办公处，外交部部长黄郛逃离，办公室被烧毁，日军杀中国军民 1000 余人。事件发生后，日军师团长福田向驻在泰安的蒋介石发出要中方军队离开济南等 5 项最后通牒，限 12 小时内回答。蒋接受日方通牒，但公文未能在 12 小时内到达，日军又攻击驻在济南的 3000 名中国军队官兵。中方损失惨重，日军遂得寸进尺，又轰炸泰安中方司令部，最后占领了济南。

南京政府北伐军政当局与日本关于“济南惨案”的交涉进行了将近一年。蒋介石命令部下坚决忍让，委曲求全，绕道北伐，只让外交部负责交涉。国民党南京政府的外交部长黄郛初与日本军方谈判，日方态度十分傲慢，黄郛在日军司令部被扣留半个月得不到正常饮食。于是黄郛致电日本外相田中义一，抗议日军暴行。美国驻济南领事出面调停，济南稍静。5月，冯玉祥由河南赶到济南城外党家庄与蒋会晤。随冯来此的有王正廷，蒋令王正廷赴济南与日本谈判，亦毫无结果。南京政府主席谭延闿致电美国总统柯立芝和国联秘书长德兰孟爵士，要求他们“主持正义”。日本以声言第三次出兵山东作为对南京政府的回答。蒋于是率大部队改道迂回北上伐奉,直抵京津。日本虽占济南，却未阻止南京北伐军。

“济案”发生后，世界为之哗然。南京政府非正式要求日本谈判，日本见拒绝不利，遂派官阶很低的商务领事矢田与南京政府外交部的新任外长王正廷交涉。日本如此戏弄中方，而王正廷忍辱处之，让南京市民十分愤慨，他们冲入王宅，砸毁器物，要求撤换王正廷外长之职。1929年1月，日本勉强派出驻北京公使芳泽到南京与王正廷谈判。由于日方毫无撤离济南之意，谈判久拖不决，最后日本迫于国际压力，不得不退出济南，而日本军队在该城造成的生命财产损失，由于中国交涉无力而不了了之。1929年3月28日，国民党政府与日本签订《中日济案议定书》和一个声明。日本军队依此撤出济南。

王正廷于1928年6月至1931年9月，担任南京政府外交部长。期间，中国外交发生了局部进步，王主持了一系列重大对外交涉。

1928年7月，修改不平等条约运动开始。国民党统一不久，党内不团结，中国内战尚未结束，国力尚未恢复，重订平等条约是不可能实现的，但也取得了关税自主的重大突破。1928年7月25日，美国和国民党政府签订《整理中美两国关税关系之条约》，该约承认中国关税自主权。接着德国、古巴与南京政府签订条约，此3国率先承认南京政府。8月中、英“宁案”协定签字。此后，十几个国家先后同意与南京国民党政府谈判，所订新约都声明平等原则。日本先则顽固拒绝谈判,继则主张必须在“济案”及“宁案”解决后，始能谈判商约及关税问题。

与中国旧约未满期的各国亦愿同国民党政府就关税问题进行谈判。1928年11月至12月间，中挪、中荷、中瑞关税条约先后签订。12月20日中英关税条约亦签订。英国终于承认南京国民党政府。22日，中法关税条约亦签字。12月7日南京政府公布国定税率（自值7.5%～27.5%）并定于翌年2月实行。各国都要求同时接受新税率，这样，由于各国批准条约时间不一，加上日本一再延宕狡赖，直至1931年1月，中国才实现初步的关税自主。关税部分自主权的收回是南京政府外交的一大成绩，但新约有很多条件都仍旧限制中国的主权。例如《中英关税条约》规定，中国的海关税则，对英国货物所课之最高税率，不得超过1925年关税会议规定的税率。除原定的“值百抽五”外，按照各种货物的种类和性质，征收不超过5%～30%的附加税，这种待遇，根据无区别对待的最惠国原则，其他各国均可享受。中日间的谈判，直至1930年5月始行缔结新约。国民党政府还答应从海关收入中提出500万元偿还一切无担保及担保不足的日本债款，中日新约附件规定对日本棉货、海产等，维持旧税率3年。

## 4. 争取平等地位

1929年9月至1930年2月，王正廷代表中国政府同原来与中国没有外交关系的波兰、捷克、希腊3国在完全平等互惠的基础上订立了友好商务条约。

南京政府继承了中国在国际联盟中的会员地位，并积极参加多边条约和协议的签订。

第一次世界大战后，世界仍处于动荡不安的状态。德国军国主义开始复活，德国的夙敌法国甚感不满。1927年6月20日，法国外长白里安将《法美永久友好盟约草案》送交美国。这个草案建议“把战争置于法律保护之外”，美国几经考虑，同意法国的主张，但还建议缔结多边条约以代替双边条约。1928 年 8 月 27 日，《白里安—凯洛格公约》(又称《非战公约》)签字仪式在巴黎举行，英、美、法、德、意、波、捷、日等 15 个国家参加了签字仪式。截至 1929 年 7 月 29 日公约正式生效时，一共有 44 国参加了《非战公约》。公约反对用战争手段解决国际争端，各国相互关系之改变，“仅用和平方法求之”，“不论其性质起于何因”。这个公约只是一些空言和平的原则条文，而且没有写明关于禁止战争的措施。各国对条约原则都有自己的解释，并且声明有进行“自卫战争”的权利。德国和日本也积极参加了《非战公约》，但它们都在加紧扩充军备，企图建立由他们主导的新的世界秩序。苏联在 1928 年揭露帝国主义在《非战公约》上对苏孤立之后，英、美、法才不得不邀请苏联加入公约。

《非战公约》尽管内容空洞，然而它却以法律文件的形式首次宣布放弃战争的原则并得到世界性的承认，各大国至少能在原则上接受它，这就使它成为一个重要的国际法文件。第二次世界大战后对战犯的审判，即多以《非战公约》条款为法律依据。

南京政府外交部得知《非战公约》签订后，电令驻美公使施肇基和驻法代办就近探询接洽，并嘱其示意美国政府，由美国发起邀请中国加入。1928 年 8 月 27 日，美国驻华代办照会南京政府，邀请中国加入《非战公约》。南京政府外交部将照会提交国民政府及中央政治会议。9 月 14 日，中国复照美国，同意加入。施肇基公使即代表中国政府办理加入手续。南京政府加入《非战公约》，是为了争取中国在世界上的平等地位，以扩大国际国内影响。抗日战争结束后，中国代表在东京审判法庭上据此能有更多的法律依据控诉日寇对中国的侵略，并要求国际法庭根据《非战公约》对日本战犯进行审判。

## 5. 不懈的努力

王正廷任外长期间，中国收回了部分租界和部分租界司法权。1929 年 8 月，收回天津比利时租界，1930 年从英国人手中收回威海卫，并与法国签订有关东京湾的协定。南京国民党政府和前清朝政府、北京政府一样，对外国租界内保护政治犯、言论出版自由的特权十分仇视。国民党 1927 年镇压共产党后，中共中央机关及许多重要领导人都转移到租界内进行地下活动。租界根据西方法律，不实行中国式的户籍制度，有利于躲藏。国民党早期革命时，也是通过租界的庇护保存自己、进行反清反军阀统治宣传的，所以国民党当局深知租界对其统治的危害性。只要在租界内不进行现行刑事犯罪，租界内司法当局不会随便抓人。除非特殊情况，也不会把政治犯“引渡”给国民党当局（只要引渡，政治犯将九死一生）。1929 年 8 月，王正廷照会英、美、法、荷、挪威等国，要求撤废领事裁判权。1930 年 2 月，设立上海租界内中国法院，基本上中止了上海租界领事裁判制度。此后，租界内共产党机关的工作便更加困难。未出几年，便纷纷撤到各武装苏区。

1929 年 12 月 22 日，王正廷与苏联签订了《伯力条约》，缓解了自 1927 年“分共”、中东路事件以来恶化已久的中苏关系，避免了苏军对我东北的入侵。此前，王正廷还主持处理了拖延已久的“宁案”（南京事件）交涉。

“宁案”是北伐战争时期中外严重冲突事件。1927 年 3 月 27 日，北伐军占领南京。入城后少数军人袭击各国领事机构和住宅，抢物伤人。驻宁英、美、法军舰开炮轰击城内萨家湾，中国军民死伤甚多。事后北伐军政当局枪毙了数名袭击外国领馆军人，以防帝国主义找到武装干涉的借口。但列强并不买账，各国通讯社夸大宣传，污蔑中国军队大肆屠杀外国人，英、法、美、意、日 5 国照会北伐军当局，要求惩凶、道歉、赔偿，保证外国人“生命财产之安全”，否则将“采取适当之手段”。当时各国对北伐战争持观望态度，未与国民政府（武汉政府）交涉。宁汉合并后，伍朝枢、黄郛先后任南京政府外交部长，各国亦逐渐要求解决“宁案”。列强闭口不谈外舰轰击南京造成的生命财产损失，却执意要中方道歉赔偿。南京政府为了防止列强联合侵华，采取了分别交涉的形式，从而避免了开国际会议使中方代表处于孤立的不利境地。但是南京政府为了得到外国的承认和支持，一方面向帝国主义道歉，另一方面把“南京事件”的责任推给共产党。1928 年，外交部长黄郛致美国驻华公使马慕瑞的照会中称“南京事件”“完全为共产党于国民政府未建都南京前所煽动而发生”，表示以“诚恳之态度，向贵国政府深示歉意”（《外交部公报》第1 卷第 4 号。《外交部公报》为民国时期发行的期刊）。同时还表示“惩办肇事兵卒及其他人”“担任充分赔偿”。对其他国家的照会，也有类似的忍辱让步。到王正廷任外长时，“宁案”终于以中方的屈辱忍让而宣告“解决”。

1931 年“九一八”事件后，南京专设了“特种外交委员会”，由戴季陶、宋子文担任正、副会长。外交部根据蒋介石的指示向日本提出了几次“抗议”。南京又因中、日同为国联成员而命令驻国联代表施肇基在大会控诉日本侵华，希望国际调解。日本对中国的控诉抗议不屑一顾，坚持要同中国直接交涉。9 月 30 日，帝国主义列强操纵下的国联竟不分是非劝“中日双方撤兵”。10月24日，国联再限日本于11月16日撤兵，日本则以向东北增兵作为回答。

蒋介石不抵抗的目的在于消灭“内患”，即一心想消灭共产党领导的农工武装，以巩固他的专制统治。蒋介石曾说：“中国亡于帝国主义，我们还能当亡国奴，尚可苟延残喘；若亡于共产党，则纵肯为奴隶，亦不可得。”中国广大人民对“不抵抗政策”十分不满。面对日本的侵略暴行，全国立即掀起了汹涌澎湃的爱国救亡运动。9月28日，宁、沪学生到南京请愿，包围了南京政府外交部，痛打了外交部部长王正廷。王正廷不得不辞职，外长由顾维钧代理。蒋介石受到空前的谴责。

王正廷的挨打实为代国民党决策当局受过。外交部与南京政府机关所在地有相当长的距离，何况中间还隔着一个“特种外交委员会”。国民党执政时期，实行“党国外交”，外交部只不过是执行机构。

王正廷于1932年1月改任外交委员会委员这一虚职。此后他积极从事卫生、体育等社会公益活动。1936年被派任驻美国大使。

1937年，日本全面侵华。七七事变后，在美国国务卿的安排下，王正廷与日本驻华盛顿公使交涉中日冲突问题，但无结果。

1938年9月，王正廷奉调回国。驻美大使由学者胡适继任。王正廷回国后任国民党中央委员和国民政府委员。1944 年任国民政府行政院战犯调查委员会主任。抗战胜利后，王正廷逐渐脱离政界活动。中华人民共和国成立前夕，王正廷赴中国香港定居，1961 年 5 月 21 日逝世，终年 79 岁。

王正廷一生除长期从事外交以外，对社会公共事业贡献很大，是民国历史上著名的社会活动家。

## 延伸阅读

### 中国奥运第一人刘长春

刘长春（1909—1983），大连市甘井子区人，1932 年毕业于东北大学体育系。同年，第 10 届奥运会在美国洛杉矶举行，7 月 8 日，刘长春奔赴美国，成为首位正式参加奥运会的中国运动员。4 年之后，又参加了在柏林举行的第 11 届奥运会。新中国成立后，他担任过第四届辽宁省政协常委、辽宁省体育协会副理事长、第五届全国政协委员、中华全国体育总会常委、中国奥委会副主席等职务。

1932 年的 6 月 25 日，民国外交部才得到消息，奥委会不允许伪满洲国参加奥运会，于是要求报名，最后有两位选手确定参加，他们是于希渭、刘长春。

刘长春7月8日从上海乘船出发，直到29日才到达美国，而奥运会开幕典礼就在第二天下午。刘长春在海上漂了20多天，身体素质大受损害，又没有充足的时间来休息，所以原本确定的3个项目中，他只参加了田径项目100米和200米短跑比赛，由于体力不支，400米项目退赛了。所以中国奥运的首次征程不太顺利。

1936年，第11届奥运会在柏林举行，刘长春第二次代表中国参加比赛。经过28天的海上颠簸，刘长春的体力消耗非常大，所以比赛结果还是不理想。回国之后，在1948年8月至1949年2月间，他一直担任北京东大体育系副教授，这年3月份到次年8月，又担任长春师范大学副教授。1950年8月，他被调去大连，担任大连工学院的教授，直到1983年3月任期才结束。大连工学院就是现在的大连理工大学，现在这所学校内还保留着刘长春的铜像。

# “最纠结的法学家”——王宠惠

王宠惠（1881—1958），字亮畴，祖籍广东东莞，香港出生，是民国著名法学家、政治活动家和卓有建树的外交官，担任过民国政府外交部长、代总理、国务总理，获得过近代中国第一张新式大学文凭，是国立复旦大学法学院教授，也是首位供职于海牙国际法庭的中国人。

王宠惠的法学作品有很多，如《宪法刍议》《宪法危言》等。他是近现代中国法学的奠基者，他的作品谈到了中国宪政设计的原则和方针，其思想是民国政府制定宪法的基础，还为近代中国的宪法提供了模板。民国宪法的制定就有王宠惠的参与，他还为构建民国政治

王宠惠

体系出谋划策，参与起草了《联合国宪章》，代表作就是《德国民法典（译）》。

## 1. 结识孙中山

王宠惠从小受家庭影响，笃信基督教。他很早就认识了孙中山。时孙中山在香港西医书院学习，与王家为邻。王宠惠幼年求学于香港圣保罗学校学习英文，继入皇仁书院肄业。1895 年考入天津北洋西学学堂（北洋大学前身）学习法律至 1900 年毕业。8 月，王宠惠和秦力山在安徽大通举行反清起义，失败后逃往日本，致力于政法问题研究。王宠惠认为中国仅学习商业与科技不能改变自身地位，西方及日本发达的根本原因是其政治法律制度，而商业、科学的作用次之。同时，他还和秦力山、沈翔云等创办宣传革命的《国民报》，王宠惠任英文编辑。这是留日学生中最早的一张宣传革命的报纸。

王宠惠与孙中山过从甚密。1904 年，王宠惠赴美留学，其间因经费不济，几乎辍学。孙中山知道后，筹款 1500 美元予以接济，使王继续求学，终以优异成绩获耶鲁大学法学博士学位。1904 年孙中山在纽约发表对外宣言——《中国问题之真正解决》，就是在王宠惠的协助下用英文写成的。该宣言揭露清朝廷的黑暗统治，呼吁西方各国政府放弃支持清朝的政策，呼吁欧美人民支持中国革命事业。

1905 年，同盟会成立，王宠惠入会，参与筹措经费和发展会员的工作。从耶鲁毕业后，王宠惠赴英国继续学习国际公法，取得了英国律师资格，并被选为德国柏林比较法学会会员。曾将《德国民法》译成英文,被英、美各大学选为通用教科书。1911 年 9 月回国，抵天津时武昌起义爆发。11 月 3 日上海光复，王宠惠抵沪，被沪军都督陈其美聘为顾问。

1911 年 12 月南北议和，双方代表在美租界市政厅谈判，王宠惠为南方代表伍廷芳的参赞。12 月 25 日孙中山从美国归来，各省反清代表集会南京，王宠惠被推为各省代表会议的副议长。南方临时革命政府成立初，为防止列强武装干涉，不得已宣布民国将承认革命以前“清政府与各国缔结之条约”，但“革命起事以后则否”“条约期满而止”等 8 条对外宣言，由临时大总统孙文于 1912 年 1 月 2 日签署公布。

## 2. 出任外交总长

1912 年 1 月 3 日，经孙中山提名，王宠惠被南京临时政府任命为外交总长，是为民国第一任外交首长。

清帝退位，南北统一，孙中山让位，袁世凯在北京就任民国临时大总统，南京文官北上，王宠惠以其在国内、国际司法界的权威地位出任唐绍仪内阁的司法总长。唐绍仪因和袁世凯冲突而辞职，同盟会会员遂退出内阁。王宠惠辞职后一度担任外交部顾问，不久即去上海，受聘于上海中华书局，为英文编辑部主任。时袁世凯任命孙中山督办全国铁路，王宠惠兼任铁路总公司顾问。

1913 年，王宠惠出任复旦大学副校长，继续研究法律，宣传法制，著有《宪法平议》《宪法范言》《比较宪法》等书，向社会提出宪制依据和法治主张。1915 年，袁世凯称帝前，曾收买王宠惠鼓吹君主立宪，被王严词拒绝："余之笔为共和而写作，不能以拥护帝制而受辱。"

袁世凯称帝，引起全国的反对。蔡锷在云南首义。云、贵、粤、桂 4 省于 1916 年 5 月 8 日在广东肇庆成立军务院，推唐继尧为抚军长，拥黎元洪为总统，与袁世凯的"中华帝国"形成对峙。王宠惠被任命为军务院外交副使，在上海办公。

1918 年，王宠惠赴京主持修订法律。1920 年任大理院院长。

1921 年 11 月 12 日至 1922 年 2 月 6 日，美国、英国、日本、法国、意大利、荷兰、比利时、葡萄牙和中国共 9 个国家，在美国首都华盛顿举行国际会议，中国派出了极强的外交精英阵容赴会以争国权，王宠惠和施肇基、顾维钧、伍朝枢等分工负责各自的交涉、联络任务，王宠惠当时任中国驻国联代表。会议上，王宠惠负责就收回外国在华租界、废除领事裁判权等问题展开交涉。

华盛顿会议后，王宠惠回国被梁士诒内阁邀为司法总长，时值直奉战争前夕，梁内阁被直系吴佩孚所攻击，不到一个月梁士诒辞职，而王宠惠也未到任。

## 3. 短命的“好人”政府

民国时期的北京政府是中国封建帝王专制转向一党专政的过渡时期的政权。由于列强在华矛盾激烈，各路军阀各拥重兵连年混战，天下大乱。败者下野隐居或者出洋“考察”，胜者入主北京。一朝天子一朝臣，在北京政府 16 年中，国家元首总共换了 7 任，内阁总理变了 30 多次，政权更迭有如走马灯，令人眼花缭乱。

1922 年黎元洪复出后先提名颜惠庆组织过渡政府。8 月 1 日，颜辞职，由王宠惠代理总理职务。黎元洪想请唐绍仪组阁，遭到直系军阀反对，就提名王宠惠组阁。9 月 19 日，王宠惠正式署内阁总理。王有意利用掌权之机推行他的法制主张和宪政思想。王内阁中顾维钧（外交）、罗文干（财政）、汤尔和（教育）与王宠惠本人均为留洋学成归国的人才。这4位联名在《努力》周报上发表《我们的政治主张》一文,倡议推行“宪政”和“有计划”的政治。其称，由几个“好人”当政，中国就可以富强起来。王宠惠内阁因此被称为“好人政府”。不料，这个“好人政府”的好人难做。当时是直系势力占上风，而直军内部又分为“吴派”和“曹派”(吴佩孚和曹锟)，两派为争权夺利相互攻讦，王宠惠内外不是“好人”，于11月25日宣布辞职。此后，于1924年出任孙宝琦内阁的司法总长。

## 4. 争取治外法权

王宠惠在世界法学界是一位很有名望的学者。1921年王任中国驻国联代表时，被选为国际仲裁法院裁判员。1923年，国际联盟又选他任海牙常设法庭正法官。

北京政府的腐败及军人独裁统治使不少立志宪政的文官大失所望。他们被孙中山在南方广州建立的革命政府所吸引，纷纷南下，或遥领南职。1926年，国民党(国共合作时期)选举王宠惠为第二届中央监察委员。此时，国民革命军即将北伐。1928年国民党在北伐成功后，南京国民党政府完成改组，按“五权宪法”正式实行五院制,王宠惠被选为第一任司法院院长。

在 1928 年“改订不平等条约”运动中，王宠惠为收回治外法权与领事裁判权，在与列强的交涉和斗争中做了大量工作。

修改清朝与各国签订的不平等条约是国民政府自 1924 年以来的一贯主张。1928 年 6 月 15 日，蒋介石发表宣言，要求各国与中国“重订新约”。7 月 2 日，国民党政府外交部发布了重订条约的三点宣言，即（一）旧约已届满者，当然废除，另订新约；（二）旧约未届满者，立即以相当手续解除而重订之；（三）旧约未届满而新约尚未订立者，按中国政府临时政策处理一切。当时中国与意、丹、葡、比、西、日所订条约及中法越南条约均先后到期，除日本反对重订外，其余国家均表示可以商谈。时北京政府倒台，各国还没有正式承认南京国民政府，因此，修订条约的同时还应表示各国对南京新政权的承认。

问题是，条约的承认或重订是以国家实力为基础的，强权政治下的国际关系按国际法标准是很难行得通的。

废除领事裁判权的谈判，各国一拖再拖，空言同意，实际上均在拒绝。关于领事裁判权问题过去与中国有关者 19 国，其中苏联、德国、奥地利 3 国在北京政府主持外交时期业已放弃。1928 年因条约期满重订了中比、中意、中丹、中西、中葡 5 个条约。规定这 5

个国家放弃在华领事裁判权，不过须待19个国家超过半数愿意放弃时才能生效。1924年中国曾要求各国一致放弃领事裁判权，美国答应逐渐废除，英国要求以开放一切口岸为条件。日本与清政府在1896年订立的《中日通商新约》到1926年10月期满。日本要求再延长10年，中国单方面通知废止。这就意味着旧约无效。但日本不与南京政府重订新约。瑞士不反对放弃这项特权，墨西哥声明放弃。然而与美、英、法、荷、挪、巴西各国的谈判，久无结果，南京政府乃于1929年12月28日发布一项特令，宣告自民国十九年（1930）元旦起各国在华侨民应一律遵守中国政府依法颁布的法令规章。美、英、法等国立即声明，在华领事裁判权只能“逐步”取消，其目的在于拖延时间。1930年5月南京政府公布管理在华外国人实施条例，并规定自1931年起实施，同时与美、英、法、日等国再次谈判，各国仅赞成局部废止。“九一八”事变后，南京政府只得宣布暂缓实施管理外国人条例。

治外法权是中国半殖民地的象征，国民党政府对外政策的主要目标之一就是废除这个令中国人深为痛恨的强权欺压的产物，但收效甚微。

王宠惠作为司法院院长，领头草拟了《中华民国训政时期约法》，客观上为蒋介石的一党专政提供了法律依据。但王对蒋的专制是不满的。1931年5月，汪精卫、孙科在广州成立与南京对立的“国民政府”，要蒋下台，王宠惠倾向于粤，但又不敢冒犯蒋介石，遂辞去司法院院长职务，再度启程赴荷兰任海牙国际法庭正法官。后国民党四届五中全会选王为国民政府委员、司法院院长，他并未就职。

1936年中国掀起抗日高潮。日本加紧侵华步伐，国民党政府还在顽固坚持“攘外必先安内”的反动方针，在抗战的问题上一直消极徘徊。12月，张学良、杨虎城在西安发动事变，促进国共第二次合作，国民党政府对日政策渐趋强硬。为了加强与英、美国家的联合，国民政府于1937年3月起用王宠惠为外交部长以取代张群。

中日外交关系完全受制于国民政府最高层决策人物。日本占领中国东北之后，对华目标之一是压中国政府承认伪满洲国之独立。1935年5月，东京和南京的外交关系升为大使级，南京希望通过外交关系之改善来解决中日之间的悬案。此前，王宠惠作为中方谈判代表向日本外相广田转达了改善中日关系的原则：解决东北问题，实行两大原则，即（一）中日两国完全站在平等立场上，互相尊重对方的独立地位，所以日本应该首先取消一切不平等条约，尤其取消在华领事裁判权；（二）为维持中日两国真正的友好关系，诸如破坏统一、扰乱治安等行动不得施于对方。为使中日外交交涉走向正轨，不应使用和平以外的压迫和暴力。广田回答王宠惠说："对于两大原则及外交交涉走向正轨，自属同意；至于东北问题，希望中国方面暂勿提起，倘使以解决此一问题为中日亲善的先决条件，则幸见好转的两国关系，将转而恶化。"（吴东之著：《海纳百川·藏书博览》《中国外交史·中华民国时期》）

中国对日本的侵华野心亦有准备。20 世纪 30 年代前 5 年中国实力有所加强，对日外交也是为拖延时间，国民党还幻想等消灭共产党"武装割据"后统一对外。无奈日本偏不给国民党多一点"安内"时间，制造危机硬逼国民党掉转枪口抵抗侵略。国民党政府仍幻想着有与日本缓解矛盾的机会。王宠惠出任外长时，日本新任外相佐藤发表演说，伪称与中国改善外交关系，王宠惠向日本驻华大使川越表示欢迎佐藤讲话："热望调整中日国交，对佐藤外相演说甚钦佩，愿在事实上努力促使其具体化。"不久，"七七"事变爆发，国民党政府为调兵计，仍称这一冲突为局部事件，谋求以外交方式和平解决。日本见国民党政府与美、英等国日益靠拢，于 1937 年 8 月 13 日大举进攻上海，蒋介石只得亲自指挥迎战。8 月 14 日，王宠惠以外交部名义，发表庄严的抗战声明：

> 中国之领土主权，已横受日本之侵略；国际联盟，九国公约，非战公约，已为日本所破坏无余。……中国

决不放弃领土之任何部分，遇有侵略，惟有实行天赋之自卫权以应之。……吾人此次非仅为中国，实为世界而奋斗；非仅为领土和主权而奋斗，实为公法与正义而奋斗（《中国近代对外关系史资料选辑》)。

中国人民伟大的抗日战争自此拉开了悲壮的序幕，蒋介石率冯玉祥、陈诚、顾祝同、张治中、薛岳、胡宗南等所部精锐共73个师80余万人在上海全面抵抗日本侵略军的进攻。此间，国民政府军委会于8月23日下令将3万红军编为国民革命军第八路军，东渡黄河开赴山西抗日。

## 5. 抗战时期的努力

伟大的抗日战争，国民党军正面战场为第一战场，敌后方以共产党领导为主的抗日游击战场为第二战场。而为了争取国际同情与支援、建立国际反法西斯统一战线的爱国外交界就开辟了“第三战场”。

中国全面抗战初期，美、英两国对华援助几乎为零。美国面临德国的威胁，无暇顾及远东。美国国内孤立主义盛行，对中、日双方的态度不偏不倚。只有苏联应国民政府的邀请给予援助合作。王宠惠受命与苏联驻华大使鲍格莫洛夫在南京谈判。

“九一八”事变后，日本逐渐占领整个东北，不但进一步威胁华北，而且威胁苏联和外蒙古。在共同的强敌面前，苏联积极同国民党政府寻求合作，但国民党政府出于反共顾虑，不愿同苏联过分接近。“七七”事变后，国共第二次合作，中国抗日民族统一战线建立。共产党及其他民主党派、群众团体和广大群众都要求政府联苏抗日，蒋介石也下决心“联俄制倭”。

“八一三”事变后，中、苏两国政府谈判签订了苏方早先提出的互不侵犯条约。1937 年 8 月 21 日，王宠惠和苏联驻华大使鲍格莫洛夫在南京分别代表本国政府在条约上签字。条约共有 4 条，主要内容为前两条。第一条双方声明：“斥责以战争为解决国际纠纷之方法。”第二条规定两国中任何一国受到一个或数个第三国家侵略时，在全部冲突期间内，对于该第三国“不得直接或间接予以任何协助”。中苏互不侵犯条约是中苏关系史上的大事，也是第二次世界大战中最早的反法西斯同盟条约。日本与德国在“反共产国际”的旗号下孤立苏联，又乘英、美、法 3 国不公开干涉而孤立中国，企图各个击破。中苏订约，是日本外交上失败之始。日本对中苏条约十分恼怒，广田外相在 9 月 1 日对美国大使格鲁表示对此“十分不满”。

中国在全面抗战初期从苏联获得的支持最多。苏联在远东布有强大的国防军，多次打退日本试探性的进攻。苏联的战略防御重点在欧洲部分，因而在远东只守不攻。尽管如此，还是吸引了日本的部分注意力，使之不得全力投入中国内地作战。当然，中国的抵抗，更多地是拖住日本，使之不能向北进攻苏联。整个第二次世界大战，日本无力配合德国攻入苏联，主要原因是中国吸引了日本陆军的主力。

苏联在中国抗战初期给中国的巨大援助有 3 个方面。一是道义上的支援，即谴责日本侵略，在国际会议上呼吁对日制裁。二是经济援助，1938 年 3 月和 7 月，苏联政府给中国政府先后贷款各 5000 万美元；次年 6 月，又以相同的条件贷款 15000 万美元，以购买苏联军火、汽油和其他工业用品（中国则以茶、钨等作价偿还）。三是军事援助，苏军虽未出兵，但派出了军事顾问团（包括著名的崔可夫将军和雷巴尔科将军）和志愿飞行员。苏联飞行队在武汉、重庆、兰州、成都等地同日本空军进行了英勇的战斗，其中不少人为中国的民族生存献出了生命。

日本多次抗议苏联对华提供武器和派遣志愿飞行员，苏联拒绝日本的无理抗议，日本在外蒙古、新疆等地侦察到苏联准备送到中国抗战的飞机和其他物资，企图阻止进入中国，但没有成功。

国民党主持的中国政府见美、英等国继续姑息日本，甚至出卖中国，才不得不接受苏援。1938 年 5 月 5 日，蒋介石致电斯大林和伏罗希洛夫元帅，“对贵国仗义相助、抑强扶弱之厚意，均表示无限之钦佩感激”。1930年6月，中苏签订平等互惠商约。9月，苏联驻华大使潘友新在递交给中国政府的国书中，对中国抗战明确表示同情。1940年11月，日本承认汪伪政权，苏联驻日大使声明，对华政策不变。

日本对苏联的援华政策十分仇恨。1938年7月日本在张鼓峰挑起冲突，苏军狠狠反击。1939年5月至9月日本再次在诺门坎向苏军挑衅，遭到苏联红军毁灭性的打击，日本内部主张北进的人从此失去发言权。苏联见欧洲战事已起，遂在远东方面尽量克制，守而不攻，以免过分激怒日本。

自1937年3月至1941年4月，王宠惠作为中国4年抗战期间的外交部长，为民族独立事业做出了一定的贡献。当时的外交目的是争取国际支援，包括武器、装备和其他物资以及争取外国飞行员、医护人员来华服务。

王宠惠在抗日战争期间成为国民党对外政策的重要决策、执行和辩护人。1937年11月3日，“九国公约”签字国在比利时布鲁塞尔集会，讨论日本侵略中国的问题，中国外交部根据蒋介石的指示控诉日本侵略中国时犯下的种种暴行。英、美等国出于自身的利益，迫使中、日两国进行谈判。国民党表示可以让美国调停。但实际上，日本已把残暴的战火全面燃开，中、日之间已无妥协余地。国内国、共两党的斗争仍在继续。国民党“排共”“限共”“反共”事件始终未息。“皖南事变”期间，王宠惠积极为“政府方面”的政策辩护，把内战罪责推向共产党新四军一边，这是他人生中的一个严重“败笔”。

1941 年王宠惠辞去外长职务，改任国民党国防委员会秘书长，辅佐蒋介石制定最高决策。他虽不在外交部，对中国战时外交仍有重大影响。太平洋战争爆发后，美国才从孤立主义、和平主义的绥靖政策中转向坚决抗击法西斯的统一战线中来。中国对美、英外交的重要决策均有王宠惠的参与。1942 年，日本侵略军占领了中国所有的出海口，中国抗日政府只有通过内路边界对外联系，获得外援物质。陆上交通道路有 4 条：对西方国家的有越南线、缅甸线和印度线，对苏联的有新疆—中亚线。前两条被日本截断后中国对西方的唯一通道只剩下西藏—印度陆空交通线了。

与中国有 2000 多年友好睦邻历史的印度自 1757 年沦为英国殖民地，至此已有近两个世纪的历史。第一次世界大战前后，印度的抗英斗争渐具规模，甘地领导的“不合作”运动使英国十分狼狈。日本乘此机会对印度人民宣传“把英、美赶出亚洲”“亚洲是亚洲人的亚洲”等口号，急欲独立的印度人民和国民大会党（国大党）不少人受到日本的煽动，提出“亲日反英”

的主张。如果印度在此时刻依靠日本取得独立，则对反法西斯联盟来说是一场灾难。为了使印度独立运动组织和英殖民当局都能支持中国，蒋介石于1942年2月4日率领王宠惠、宋美龄及英使卡尔等十多人出访印度。蒋介石到达新德里后，首先劝说英国总督林里资哥，建议英殖民当局理解民族独立运动，允许印度成为英联邦内的自治领，英、印双方妥协合作，一致抗日。但英督拒不接受这一要求，坚持对印政策不变的立场，蒋又游说国大党领导人阿柴德和尼赫鲁，国大党控诉英国殖民者在印度犯下的种种罪恶，表示不能接受蒋介石“缓和的革命战略”。蒋介石唯一的希望就是劝说印度人民最为崇拜的领袖——圣雄·甘地。

英国方面不赞成蒋介石会见甘地，连丘吉尔都来电反对。由于甘地坚持，终于在2月18日得以同蒋介石见面，地点在加尔各答一个公园。甘地与蒋介石长谈了5个小时，他坚持“非暴力不合作”抗英政策，最后表示“不妨碍中、英之间的合作，并愿意接受蒋委员长的忠告，不打算特地制造纠纷”。双方各有打算，不甚投机，甘地竟当蒋介石的面席地纺起线来（甘地号召印度人民抵制英货，并亲自纺纱，表示不穿英布）。

作为蒋介石的首席顾问，王宠惠跟随蒋介石访印，意在调解英国和印度的矛盾。英国是中国的重要盟国，印度又是中国的邻国和重要对外交通线。只有英、印两方面对华合作，才能确保中国生命线之维持。蒋介石此行不可能调和英、印矛盾，但加深了印度人民对中国抗日战争的理解，对防止印度人因反对英国殖民统治而资助日本有很大意义。这也是中国有史以来国家元首对外国的第一次访问。

## 6. 参加开罗会议

抗日战争期间中国外交主要决策人物和活动家均为政界要人，例如蒋介石夫人宋美龄女士、孔祥熙、宋子文、张群等。以专业外交家身份进入决策圈的最主要的是王宠惠、王正廷等。

1943 年 11 月 18 日，蒋介石应邀赴开罗与罗斯福、丘吉尔会谈 3 国合作问题和战后处理日本问题，随蒋赴开罗的有宋美龄、王宠惠、董显光等。开罗会议于 23 日开幕，中、英关于联合解放缅甸的谈判和中、美关于处理战后问题的谈判同时进行。国民党当时派几十万精锐部队监视共产党领导的人民武装。因而日本在中国战场连连得手，连罗斯福都感到不满。23 日晚宴上，罗斯福责问蒋介石为什么将大军用来防共而不抗日，蒋介石解释说“余对俄不深信也”，但罗斯福表示不理解。中、英会谈中，蒋介石为了谋求战时合作，回避了香港、九龙、西藏等问题。

王宠惠是开罗会议中国代表团的主要外交顾问。

罗斯福、丘吉尔和蒋介石多次会晤后，《开罗宣言》于 1943 年 11 月 26 日定稿，12 月初正式发表。《宣言》宣称“我三大盟国此次进行战争目的，在于制止及惩罚日本之侵略”，“三国宗旨，在于剥夺日本自一九一四年第一次世界大战开始以后在太平洋所夺得或占领之一切岛屿。在使日本所窃取于中国之领土，例如满洲、台湾、澎湖群岛等，归还中国”，并宣告“在相当期间，使朝鲜自由独立”。

《开罗宣言》是民国外交史上一个重要里程碑，它以法律的形式肯定了中国对东北（1931 年沦失）和台澎地区（1896 年割让）的主权，这是中国人民 6 年抗战的结果。宣言的公布，等于废除了甲午战争后的《马关条约》。

根据美、苏、英 3 大国 1945 年 2 月雅尔塔会议决定，1945 年 4 月 25 日，联合国宪章制宪会议在美国旧金山召开。这是第二次世界大战已取得决定性胜利，战争即将结束前夕，反法西斯各国举行的盛会。50 个国家的 280 名代表和 1700 名顾问参加了会议。中国代表团由宋子文率领，职业外交官有王宠惠、顾维钧、魏道明等，中共代表是董必武及其随行秘书章汉夫和陈家康。王宠惠作为权威的国际知名法学者，对宪章基本原则提出了有用的建议。

1946 年 11 月，王宠惠参与了国民党政府排斥共产党的“国民大会”并参与制宪工作。1947 年，王宠惠再次任司法院院长。

1949 年，王宠惠赴香港治病。1950 年赴台湾。1958 年 3 月 15 日，现代著名的法学家、为抗战外交作出卓越贡献的外交官王宠惠因心脏病去世，终年 77 岁。

## 延伸阅读

### 国民党的初期统治与社会矛盾

1927 年，蒋介石的南京政府和汪精卫的武汉政府相继发动反革命政变之后，“宁汉对立”局面出现。蒋介石、汪精卫相继下台后，“宁汉合流”才得以实现，南京国民政府在矛盾纷争中建立。蒋介石又于 1928 年复职，并进行了“二次北伐”。

北伐进军顺利，6 月 8 日和 12 日，先后占领北京、天津。奉系军阀撤出关内，偏守东北一隅。此后，西北、西南各省纷纷表示服从国民政府的领导，在统一潮流下，12 月 29 日，东北军张学良归顺国民政府，史称“东北易帜”。至此，经历了北洋军阀时期十数年的分裂之后，中国重新获得名义上的统一。

国民党对帝国主义和封建势力采取不触犯其根本利益的妥协政策，因此，自近代以来所发生的中国社会基本矛盾并没有得到解决，反而因为政局的动荡而表现得更为突出，国民党新军阀之间的战火又起。其中有蒋桂（蒋与李宗仁、白崇禧）战争，蒋冯（蒋与冯玉祥）战争，蒋冯阎（蒋与冯玉祥、阎锡山）战争。蒋冯阎的中原大战历时 7 个月，双方死伤 30 多万人，战火波及 20 多个县，给人民造成巨大的灾难，是中国现代史上规模最大的一次军阀混战。

国民党政府“统一”全国后，开始实行“训政”。“训政纲领”共 6 条，规定在“训政时期”：由中国国民党全国代表大会领导国民行使政权；在国民党全国代表大会闭会期间，中国国民党中央执行委员会组织政府执行政权；国民政府总揽行政、立法、司法、考试、监察等一切治权；但国民政府一切重大政务施行又必须受国民党中央政治会议指导监督；国民政府组织法的修正、解释也必须由国民党中央政治会议决定等。

1936 年 5 月 5 日国民党政府又颁布了《五五宪章》，宣布“还政于民”，但实质上还是以根本法的形式确立国民党一党专政和蒋介石的独裁政策。南京国民政府实行反对苏联、亲近帝国主义的外交政策。国民党政府同时还进行整顿税务、控制金融等经济措施，在一定时期内促进了中国民族工业的发展。大革命失败后，国民党统治确立，但是中国社会的半殖民地半封建性质没有改变。

蒋介石国民党政府统治初期的中国仍旧是一个农业大国，农村的社会矛盾在整个社会的矛盾关系中有着举足轻重的地位。农村的突出问题是生产力低下和封建土地所有制。南京国民政府也采取了一些措施试图对田赋及各种苛捐杂税进行整顿，但收效甚微。生产力水平低下，沉重的地租剥削以及政府的苛捐杂税，世界经济的变化对中国农村经济的冲击，不仅使农民的生活十分困苦，也激化了农民与封建土地占有制度、农民与封建地方势力之间的矛盾。

中国现代经济发展遭遇到十分尖锐的矛盾。国际上，不平等条约的限制及外国在华工厂的挤压；国内币制混乱，税目繁多；世界性经济危机的爆发，这些都影响了中国经济发展。

在国内，国民党政府为了实行一党专制，建立了庞大的军国性特务体系，同时，实行保甲制度、文化专制等剥夺人民的言论和人身自由。这一方面激化了统治阶级与广大人民的矛盾，另一方面也使社会秩序更加混乱。

与此同时，国民党内部也矛盾重重。蒋介石独揽国民党党、政、军大权，通过确立法律手段实行独裁专制，国民党各派系大为惊恐，纷纷暗中活动，酝酿组织新的反蒋联盟。1931 年 5 月，反蒋各派代表在广州聚会，宣布以“非常会议”的名义发起召开国民党第四次全国代表大会，成立广州国民政府。会议选出邓泽如、邹鲁、汪精卫、孙科、李文范 5 人组成国民党常务委员会，处理日常党务工作。从此在南京、广州两地，出现了两个国民党中央、两个国民政府分庭抗礼、互相争斗的局面。国民党政权陷入严重的政治危机，这种对立局面一直持续到 1937 年抗日战争爆发后才得到消除。

此时的中国不仅半殖民地半封建社会的性质没有发生根本变化，而且受世界政治、经济的冲击，尤其“九一八”事变后，日寇对中国的侵略导致东北沦陷，华北危急。国家面临内忧外患。国民党政府不仅没有救人民于水火之中，反而变本加厉，加深了危机，中国处在一个极度黑暗的时代。

## 新文化运动的主要论点

辛亥革命以后，随着新文化运动的兴起，出现了一场比以往更为深广的关于中西文化问题的论争。袁世凯窃取了辛亥革命的果实后，实行专制独裁统治，搞帝制复辟活动。因此,他公开命令尊孔读经,企图在“保存国粹”的幌子下，加强对人民的思想控制。前清的一批遗老遗少、守旧文人墨客趁机活跃起来，掀起了一股尊孔复古的逆流。

从 1912 年开始，各种尊孔复古组织纷纷出现，其中康有为的孔教会最具影响力。康有为自比为孔圣人，对于辛亥革命之后废除尊孔读经的做法强烈不满，表示“亘古未有之变，俎豆废祀，弦诵绝声，大惊深忧”，认为“灭国不足计”，灭孔教“是与灭种同其惨祸”。他认为封建伦理纲常人人不能偏离，否则，举国将成“丧心病狂，国为离魂”。康有为及孔教会还掀起请愿活动，要求中国当“以孔教为国教”“编入宪法”。在康有为主办的《不忍》杂志（1913 年 2 月创办）上，连篇累牍地攻击共和制，鼓吹非孔教、非复辟不能救中国。

面对尊孔复古这股反时代的逆流，资产阶级、小资产阶级知识分子开始在思想领域掀起斗争。1915 年，陈独秀创办《新青年》，以科学和民主为口号，对腐朽落后的封建思想文化发起猛烈攻击。这些先进的知识分子发起运动的目的不仅仅是解决文化问题，而是想要解救这个被封建文化羁绊的中国，他们想要“再造中华”。这场新文化运动的导火索就是专制复辟这个赤裸裸的社会现实，这场大火从政治阶层烧到文化阶层，最后还是由文化运动来解决政治难题，充分体现了这批知识分子开阔的眼界、宏伟的气魄。陈独秀在《新青年》上直接表示："这腐旧思想布满国中，所以我们要诚心巩固共和国体，非将这班反对共和的伦理文学等旧思想，完全洗刷得干干净净不可。否则不但共和政治不能进行，就是这块共和招牌，也是挂不住的。"他们强烈批判封建复古思潮的兴起，同时也把中西文化的交流和学习的问题展现在世人面前。

新文化运动的核心是针对孔教及其纲常名教，所以发起这项运动的人都对这方面进行过抨击和批判，如陈独秀、李大钊、鲁迅、吴虞、易白沙等。他们主要的观点有这么几点：首先，他们信奉进化论，认为孔子之道与现代社会不符，所以，孔子思想不可以编入宪法、定为国教；其次，现代的国家需要的是民权和平等，而孔教思想是为了维护专制制度，所以孔教不可以入宪法；最后他们强烈批判封建的纲常名教，孔教的核心是"礼"，注重表现尊卑分明的阶级制度，这是把独立人格当成附属品，"儒者以纲常立教，为人子为人妻者，既失个人之独立人格，复无个人之独立财产"。

需要指出，新文化运动的倡导者对孔子及其学说并没有完全否定。陈独秀明确表示，"反对孔教，并不是反对孔子个人，也不是说他在古代社会无价值"，孔学是"当时社会之名产""使其于当时社会无价值，当然不能发生且流传至于今日"，而"不满于儒家者，以其分别男女尊卑过甚，不合于现代社会之生活”。

新文化运动的另一个重要内容是“文学革命”，即提倡白话文，反对文言文，提倡新文学，反对旧文学。关于旧文学，陈独秀等人在于反对旧文学中不适用的部分，对小说、戏曲则很重视，并提高其地位。

新文化运动对于守旧派来说是一场灾难，这些封建文化的拥护者对新文化运动强烈排斥并进行猛烈攻击。刘师培等人就在1919年1月组织了《国故》月刊社，发文鼓吹要以“昌明中国固有之学术为宗旨”，要求反对新文化运动。林纾（琴南）也在《申报》上发文，以《妖梦》《荆生》来影射新文化运动，言辞之间对陈独秀、胡适等人充满攻击性，利用文字煽动军阀政府以暴力压制新文化运动。他在《公言报》上发表了《致蔡鹤卿（元培）太史书》一文，认为新文化运动是“覆孔孟，铲伦常”“尽废古书，行用土语为文字”“叛亲蔑伦”“人头畜鸣”。而蔡元培则在《致〈公言报〉函并附答林琴南君函》中反击，表示新文化运动的重点是“循思想自由原则，取兼容并包主义”，以此坚决维护新文化运动的正确性。

新文化运动的倡导者和康有为、林纾等守旧者之间的斗争还没结束，从1916年开始，《东方杂志》的主编杜亚泉也参与了进来。他用“伧父”这个笔名，连续发表多篇文章反对新文化运动，与陈独秀等人进行争论。他认为中国文化是“静”，西方文化是“动”，而“动”文化要以“静”为基础，“西洋文明与吾国固有之文明，乃性质之异，而非程度之差；而吾国固有之文明，正是以救西洋文明之弊，济西洋文明之穷”。他认为将西方文化引进来，“直与猩红热、梅毒等之输入无异”，这在以儒家文化为底蕴的中国土地上是不协调的，它会破坏我国的社会标准，导致“人心迷乱”“国是丧失”“精神破产”。

杜亚泉对新文化运动的抨击，在知识界产生颇大的影响，因而不能不引起陈独秀、李大钊等人的重视，并给予认真的反驳。1918 年，李大钊发表了《东西文明根本之异点》一文。他和杜亚泉一样，也将中、西文化的特性概括为“静的文明”和“动的文明”，这是不科学的。但是，李大钊不同于杜亚泉，他反复指出西方文明比东方文明“实居优越之域”，批评杜亚泉等人那种只会指摘“西方物质文明之疲穷，不自认东洋精神文明之颓废”的虚骄心理，主张应当下决心“竭力以受西洋文明之特长，济吾静止文明之穷”。陈独秀更是严厉地批评杜亚泉所谓输入西方文明引起“精神破产”“人心迷乱”的论调，指出：文艺复兴以后的欧洲文明，显然已胜过中国文明，不输入欧洲文化，固有的文明能保民族竞存于 20 世纪吗？在共和政体之下，提倡保存“国是”，当作何解？“谓之迷乱，谓之谋叛共和民国，不亦宜乎。”

关于中、西文化的争论，其实从未停止。从历史的发展角度来看，新文化运动打破了封建主义文化在政治和思想上的控制局面，破除了封建教条对人们思想的束缚，众多的知识青年开始觉醒，所以这是一次空前巨大的思想解放，它推进了人们追求救国救民真理的进程，为之后的马克思主义传入中国奠定了基础。

但是，新文化运动的倡导者也存在着绝对化、简单化的缺点和错误。例如陈独秀就认为，“无论政治学术道德文章，西洋的法子和中国的法子，绝对是两样”；“若是决计守旧，一切都应该采用中国的老法子”；“若是决计革新，一切都应该采用西洋的新法子”；“因为新旧两种法子，好像水火冰炭，断断不能相容”。新文化运动的倡导者强调文化的时代性，强调中、西文化在不同社会发展下的差异性，但是他们否认了文化的民族性和传承性。而杜亚泉只看到了本国文化的民族性和传承性，却否认文化的时代性和不同社会发展下的差异性。双方的观点都过于片面化，缺乏科学的态度和正确的分析，因此，他们争论得再激烈，根本问题却没有得到解决。

中、西文化的争论，贯穿了中国近代社会发展的全程，各界人士都在关注这个问题。在五四运动爆发之前，争论的焦点是围绕资产阶级新文化反对封建主义旧文化、如何平衡中国固有文化与西方文化、如何建设中国近代文化等问题。在不断争论的过程中，人们对于中、西方文化的认知逐步加深。不过在历史条件的限制下，这些问题并没有得到解决。五四运动爆发之后，人们关于中、西方文化的争论更加激烈，而范围也在不断扩展。

# 现代中国文化界的卓越先驱——蔡元培

蔡元培（1868—1940），字鹤卿，曾用名蔡振、周子余，浙江绍兴人，是现代教育家、革命家、政治家。曾任国民党中央执委、国民政府委员兼监察院院长、中华民国首任教育总长。他是一位民主进步人士，参加过反清朝帝制的斗争。他于1916至1927年担任北京大学校长，开创了“学术”与“自由”的风潮，期间也兼任中法大学校长。民国初年，蔡元培主持制定了中国近代高等教育的第一个法令——《大学令》。

北伐时，国民政府将首都定在南京，政府令蔡元培主持教育行政委员会。蔡元培筹划建立了中华民国大学院及中央

蔡元培

研究院，后来他亲自担任中央研究院院长，负责教育及学术体制改革。蔡元培多次留学法国、德国，学习文学、哲学、美学、文化史、心理学，这为他改革封建教育提供了思想基础。蔡元培于1933年提出建立“国立中央博物院”，建成之后他兼任第一届理事会理事长。1940年3月5日，蔡元培病逝于香港。

## 1. 新颖的学术理论

蔡元培认为教育是国家兴旺之根本，是国家富强之根基，其教育模式新颖、不拘一格，其教育思想灵活、兼容并包。“教育者，养成人格之事业也。”他主张教育不应该呆板僵化，应注重学生。他还提出了美育、健康教育、人格教育等新的教育观念，此前从未有人提及。

蔡元培为人宽厚，怜悯劳苦大众，对中国落后的社会现状及陋俗有透彻观察；他两度于欧洲游学，并感受文艺复兴后的科学精神及法国大革命后的思潮。他提倡民权与女权，倡导自由思想，致力革除“读书为官”的旧俗，开科学研究风气，重视公民的道德教育以及世界观、人生观、美学教育（金林祥著:《思想自由兼容并包——北京大学校长蔡元培》，山东教育出版社2004年版）。

正如梁漱溟所说，蔡元培为国人开创了思想学术的新潮流，打破了旧习俗，为大局政治做出了巨大贡献。蔡元培主张兼容并包、思想自由，在他担任北京大学校长期间，更是遵循这条原则，所以新文化才能迅速普及，而北京大学更是成为新文化运动的堡垒，因此，科学民主的思想才能广泛地传播开。由此看来，蔡元培的贡献不仅体现在现代北京大学的学风、思想的形成，他的思想影响着中国现代所有大学的理念和精神。

作为现代中国文化界的卓越先驱，蔡元培著名的文化思想和学术观点对中国的历史进程有过重要的影响。在任北京大学校长时，蔡元培提出“兼容并包”的学术思想，这不仅是他主持北大教育工作的重要指导思想，同时也是他一直坚持的办学原则。此思想一经提出，一批具有新文化、新思想的代表人物进入北大，北大也因此成为中国思想活跃、学术兴盛的最高学府。因此，在接纳新文化、反对封建文化方面，“兼容并包”思想在其中起到了积极作用。

大家都知道蔡元培在教育和美学方面的贡献，而在民族学方面的贡献却很少有人知道。蔡元培曾表明能写一本《比较民族学》是自己的梦想之一，并希望“以研究民族学终老”。

赴京殿试时，蔡元培在论述有关西藏的策论题中，描述西藏时说“地域广袤，山川道里”；1901 年蔡元培在《学堂教科论》中说“以前的历史只是记录帝王之事，而对民生风俗不加叙述，以至于一群强弱盛衰之数，终不可稽”；1908 年至 1911 年，蔡元培在德国莱比锡大学学习哲学、文学、文明史和民族学；1924 年 8 月，他参加了国际民族学会第 21 次大会；1924 年 11 月至 1926 年 2 月，在德国汉堡大学，他专注于学习民族学；1926 年至 1934 年，蔡元培陆续发表了《说民族学》《民族学与社会学》《民族学上之进化观》等文章；1927 年，国民党政府中央研究院成立，当时蔡元培希望可以成立一个民族学研究所，但最终未能如愿；1928 年，社会科学研究所成立，蔡元培在其中增设民族学组，并亲任组长兼研究员，在民族学组里开展关于中国民族学的研究。

萌发于“五四”之前的“教育独立”思潮，于 20 世纪 20 年代开始兴盛。由于当时军阀混战，教育经费不足，教育事业陷于难以为继的地步。

蔡元培一贯坚持教育是救国的基本途径，提倡思想自由和学术自由，再加上自己又是北京大学校长，对政府官僚的牵制、摧残教育深有感触，因此积极倡导教育独立，并用理论加以引导。1922 年 3 月，蔡元培在《新教育》上发表《教育独立议》，文中阐明了教育独立的基本观点和方法，是教育独立思潮中的重要部分。

在蔡元培的观点中，政党与教育的对立表现如下：

教育要平衡发展人的个性和群性，政党则是要造成一种特殊的群性，为本党服务，抹杀受教育者的个性。

教育是求远效的，着眼于未来，其效果不可能在短期内表现出来，所以讲“百年树人”。而政党是求近功的，往往只考虑眼前的利益。

在政党政治背景下，政权在各党派之间更迭，由政党掌管教育，必然会影响教育方针政策的稳定，影响教育的成效。所以他认为教育要超脱各派政党之外。

蔡元培为了让教育独立，设计了教育行政独立、教育经费独立、教育独立于宗教的具体措施。在行政方面，蔡元培认为应该把全国分成若干个大学区，在区间内建立大学，并且该区的中小学教育、高等教育、社会教育、文化事宜应交由此大学处理；大学内的教授组成教育委员会来办理大学里的事务，在成员中推选出来校长；各个大学区间的事务就由各个校长组织高等教育会议来商定；高等教育会议没办法解决的事情、与中央有牵扯的事件、教育统计报告都由教育部负责，但是教育部不许干涉大学内务，而且教育部的教育总长需要得到高等教育会议的认可。南京国民政府在初期实施“大学区制”时便是以此设想为基础的。

蔡元培办学的指导思想同时也是其办大学的指导思想，其主旨是：大学应当成为研究高深学问的学府。早在 1912 年 5 月 16 日，他在北京大学开学典礼上的演说就提到“大学为研究高尚学问之地”。在出任北大校长后，他更是多次重复这点。1917 年 1 月 9 日，在就任校长演说中，他明确地向学生说明：“诸君来此求学，必有一宗旨，欲求宗旨之正大与否，必先知大学之性质。今人肄业专门学校，学成任事，此固势所必然。而在大学则不然，大学者，研究高深学问者也。”

他提出，大学不能只是从事教学，还要展开科学研究。他认为一个合格的大学教员不是给学子灌输固定知识，而是对学问有浓厚的研究兴趣，并且能引发学生的研究兴趣；作为大学生不是单把知识记住，而是在教员的帮助下自主研究学问。为了能实现“教学”“科研”双重任务，他极力主张“凡大学必有各种科学的研究所”。他在《论大学应设各科研究所之理由》的文章中，详列了 3 点理由：首先，“大学无研究院，则教员易陷入抄发讲义不求进步之陋习”；再者，设立研究所，更方便大学毕业生深造；最后，设立研究所之后，大学高年级学生在导师的指导下，增加了从事科学研究的机会。

蔡元培创造性地提出了“五育并举”的观点：“军

国民教育、实利主义教育、公民道德教育、世界观教育、美感教育皆近日之教育所不可偏废”。这是他教育思想的显著特点。

“五育并举”是辛亥革命后南京临时政府成立不久提出的。为了能对封建教育的改革更加深入，需要统一教育思想来尽快确定一个能反映现代社会要求的教育宗旨，最后确定对于人才培养的目标和要求。在这种形势背景下，蔡元培在1912年2月间发表了《对于新教育之意见》的著名教育论文，全面、系统地阐述“五育并举”的思想。从国内环境来说，若想打破军人成为“全国中特别之阶级”的局面，就“非行举国皆兵之制，否则无以平均其势力”；就国外形势来看，中国处于“邻强交逼，亟图自卫，而历年丧失之国权，非凭借武力，势难恢复”。

蔡元培认为世界的竞争不仅仅在武力上，还体现在财力上，实利主义教育才是富国的手段。所以说，加强科学技术教育，提高生产力，发展国民经济，只有富强的国家才能在这个世界中生存下来。

蔡元培认为，西方近代资产阶级的“自由、平等、博爱”思想，就是我国古代儒家所提倡的“义、恕、仁”的伦理。对于国外文化，他主张应以宽广的胸怀广泛接纳，同时他又强调在吸收其文化时“必择其可以消化者而吸收之”，并且“必须以‘我’食而化之，而毋为彼此所同化”。有很多学者一到国外，就忘了最初的目的，“即弃捐其‘我’而同化于外人”。

何为世界观教育？他用唯心主义世界观将世界划分为现象世界和实体世界，在此基础上要求人们遵循思想自由、言论自由的原则，不被某一学说的思想束缚。这在当时打破了几千年思想专制统治，解放了人们的思想。

进行世界观教育最重要的途径就是美育教育。美育教育是从现象世界通往实体世界的必经桥梁。美育教育的重要性源于其特点，人从现象世界通向实体世界存在的障碍不外两种意识，一是人我之差别，二是幸福之营求。

## 2. 改革封建教育

蔡元培多次去德国和法国留学、考察，致力于对哲学、文学、美学、心理学和文化史的研究，这为他改革封建教育奠定了思想理论基础。

关于北京大学的改革宗旨：改变学生的观念，整顿教师队伍，延聘积学热心的教员，发展研究所，广积图书，引导师生研究兴趣，砥砺德行，培养正当兴趣。民主和科学是蔡元培大学教育思想的基本特征，以把大学办成高水平的教学科研中心为目的。

“思想自由，兼容并包”是蔡元培办学的原则。此办学原则也体现在教师的聘任上，蔡元培以“学诣为主”，招揽各类学术人才，因此北大教师队伍一时出现流派纷呈的局面。在文科教师中，既包含许多新文化运动的著名代表人物，也有政治上保守而旧学深沉的学者；在政治上，既有激进派，也有保守派，还有改良派。当时的北大，《新潮》与《国故》对垒，白话与文言相争，思想激烈碰撞，盛极一时。

1912 年，蔡元培主持制定了《大学令》，确立了教授治校、民主管理的大学校务管理原则，规定大学设立评议会，各科设立教授会。蔡元培刚入北大时，仍然是“一切校务，都由校长与学监主任庶务主任少数人办理，并学长也没有与闻的”。任校长后，蔡元培立即组织了评议会，从全校每 5 名教师中选 1 人为评议员，校长为评议长。当然，全校最高的立法机构和权力机构就是评议会了，凡涉及学校的重大事物都必须经由评议会审核，通过后才可执行。接着是组织各门的教师会，由各门的教授公共推举教授会主任，任期为两年，主要负责分管各学门的教务，规划本学门的教学工作。

蔡元培还进行了管理体制的改革，这体现了其治校、民主管理的思想，其目的是把推动学校发展的责任交给教授，让真正的学术人来管理学校。此管理体制与之前大不相同，不仅改变了京师大学堂遗留下来的封建衙门作风，还大大提高了工作效率，促进了学校的蓬勃发展。

在担任北大校长期间，蔡元培又进一步主张“学术分校”。原因有二：第一，文理两科专署学理，而其他科目则偏重于致用;第二，文理两科各设立了研究所、实验室等设备，若其他学科也同设，困难很大，不易实施。

大学专设文理两科，是对民国元年“大学以文理两科为主”思想的发展，其目的是突出研究学理才是大学的性质。在蔡元培看来，“学术”可分为“学”与“术”两个名词，“学”为“学理”，“术”为“应用”。而文和理是“学”，法、医、工、商、农则以应用为主，为“术”。学与术关系密切，学为基本，术为枝叶。

在看到文理分科的弊端后，蔡元培进一步主张要“沟通文理”。他说文理是不能分科的，文科的史学、文学都离不开科学,而哲学全以自然科学为基础。同样，理科中各学科也都与哲学有关，自然哲学尤其关联自然科学的归纳。而且，各科之间彼此纵横交错，有些学科根本无法分文理科。所以，蔡元培主张沟通文理，合为一科。1919 年，蔡元培对北大进行改革，撤销文、理、法 3 科界限。全校设立 14 个系，废学长，并设系主任。

蔡元培很重视平民教育、劳动教育、女子教育，为此他在北京大学办平民夜校、校役班，在上海办爱国女校。

蔡元培为了弘扬民族文化，融合中西方艺术，在1928年创办了现代中国第一所实施本科教育的最高美术教育机构——国立艺术院，后改名为“中国美术学院”，这所学校是当年联合国教科文组织唯一承认学历的中国美术类大学。

## 3. 现代教育成就

在近、现代教育和中国革命中，蔡元培确实做出了巨大的贡献，主要有以下几点：

（1）从蔡元培开始，中国才有了较完整的资产阶级教育思想体系和教育制度。

（2）得益于其“思想自由，兼容并包”的主张，北大才可成为新文化的发祥地，为新民主主义革命的发生创造了条件。

（3）为中华民族保护了一批思想先进、才华出众的学者。

蔡元培的思想是现代中国资产阶级大学教育理论形成的基础，他提出的“思想自由，兼容并包”，主张“沟通文理”“依靠既懂得教育，又有学问的专家实行民主治校”，从来不限制学生个性的发展，而这些思想主张对后来的教育观念和中国教育发展产生了极大的影响。他为了达到学前儿童公育的理想，提出建立贫儿院，代替原有的家庭教育。为了发展新文化教育，他还提出建立中国资产阶级民主制度。

蔡元培还提出在中国进行近现代美育，从家庭教育、学校教育、社会教育三方面开展，从胎教院、育婴院、幼稚园三级机构实施：胎教是起点；幼稚园中，不仅通过“美育的专题”等手段具体实施，如手工、唱歌、跳舞等，而且还要充分利用其他课内涵的美育因素。

蔡元培历经 72 年的风雨路程，始终坚守爱国和民主的政治理念，为废除封建主义教育制度一直不断努力。蔡元培提出了“学为学理，术为应用”，“学为基本，术为枝叶”的观点，是著名的教育家。他为建立中国新式教育制度奠定了基础，为中国教育、文化、科学事业的发展做出了富有开创性的贡献。

蒋介石在 1940 年 3 月 7 日的日记中评价蔡元培说：“惟其在教育上与本党主义之功罪而言，以吾所见者，但有罪过而已，尤其是教育受其乡愿式之影响为更恶劣也。”蒋介石对蔡元培和他在教育事业中的改革作出这样完全负面的评价，从一个侧面说明，蔡元培所从事的教育改革事业也不容于国民党的独裁腐朽统治，促进了国家的政治民主和社会进步。

与蒋介石的评价相反，社会各界名流对蔡元培的为人和他在近现代教育事业中的贡献都有很高的评价。

学者黄炎培评价说：“有所不为，吾师之律己，无所不容，吾师之教人。欲人知求真一本自由，记从长绍兴中学，以至长北京大学，弗逾初旨。晚而主持科学研究。广纳众流，一贯斯道，从德量浑涵中，确标趋向，嗟余小子，心传窃奉终身。”

刘晓钢先生在实用文源流的研究中评价说：“到蔡元培的《论国文之趋势》《国文之将来》，便正式把文章分为实用文和美术文（即艺术文）两大类，开始创立独立的实用文理论了。”

1940 年蔡元培在香港去世。国民政府发布褒扬令，赞其为“高年硕学”“万流景仰”。

中共中央发电哀悼，誉其为“老成硕望”“勋劳卓著”。

毛泽东誉其为“学界泰斗，人世楷模”。

周恩来为其写挽联：“从排满到抗日战争，先生之志在民族革命；从五四到人权同盟，先生之行在民主自由。”此挽联形象生动地高度概括了蔡元培一生光辉伟大的业绩。

## 延伸阅读

### 李大钊与《我的马克思主义观》

李大钊（1889—1927），字守常，河北乐亭人，是伟大的马克思主义者、杰出的无产阶级革命家，中国共产党的早期的卓越领导人之一，中国共产主义运动的先驱。李大钊是孤儿，由祖父李如珍抚养长大。李大钊在3岁就开始认字。聪明爱学的李大钊5岁时便能背诵《三字经》《百家姓》《千字文》。除了会背书，李大钊还喜欢看人家门上贴的春联。有时，他还挤在大人堆里看贴在墙上的文告。有一次，村口贴了一张“安民告示”，大家都来凑热闹，但是大多数人都不识字。6岁的李大钊便当着大人的面，一字一句将告示读了下来。在场人无不惊诧地看着这个“小神童”。

自此，他的老师黄玉堂老先生深知李大钊救国救民的鸿志，便暗中鼓励他好好学习新知识，以为国家出力。1907年，李大钊考入清政府办的北洋法政学校，在更广阔的地方寻找救国救民的道路。1913年留学日本，学习法律和经济，毕业于东京早稻田大学。在日本期间，他开始学习和研究马克思主义。1916年，李大钊回国，担任《新青年》《少年中国》《每周评论》等刊物的编辑。1918年，他任北京大学图书馆主任。

李大钊是在中国最早举起社会主义大旗的人。1918年，他在《新青年》上发表了《法俄革命之比较》《庶民的胜利》和《布尔什维主义的胜利》等著名文章。这些文章大力宣扬俄国的十月革命，颂扬了社会主义革命的伟大。他积极地号召中国人民应当向俄国学习，倡导革命者关注广大劳动者的命运。1919年，李大钊在《新青年》上连续刊登了一系列宣传马克思主义的文章。其中包括著名文章《我的马克思主义观》，该文是李大钊成为马克思主义者的标志。

1920年，李大钊和陈独秀准备组建中国共产党，同时设立马克思学说研究会。同年10月，和邓中夏、高君宇、何孟雄等一同建立北京共产主义小组。中共建党后，李大钊任二、三、四届中央委员。

1922年，接共产国际的指示，李大钊赴上海会见孙中山。1924年，参与“国共合作”，李大钊出席中国国民党第一次全国代表大会，并以个人身份加入国民党，任国民党第一届中央执委。李大钊在中国国民党第一次全国代表大会上演说时谈道：“本人原为苏联党员、第三国际共产党员……”

1925年，上海爆发了五卅运动，李大钊与赵世炎等人在北京组织示威，规模达5万余人。北洋政府以“假借共产学说，嘯聚群众，屡肇事端”的罪名通缉李大钊，他便逃入东交民巷俄国兵营。1926年3月，李大钊领导并参加了北京“反对帝国主义和北洋军阀”的“三一八”运动。

1927年4月6日，李大钊全家在苏联大使馆被张作霖派遣的军警逮捕，李大钊遂接受军法审判。在狱中这段时间，李大钊著有《狱中自述》。因李大钊是北大教授，因此各方都有人营救，张作霖面临很大压力。为此，张作霖发电给张学良、张宗昌、孙传芳等6位政府前方将领征询意见，除阎锡山没有回复，其余人都主张立即正法。蒋介石密电张作霖,建议“速行处决，以免后患”。4月28日，李大钊等20名国民党和共产党北京地区的负责人和工作人员被以“和苏俄里通外国”为罪名绞刑处决，当时才38岁。

李大钊同志致力于中国人民的解放事业，忠诚于马克思主义和无产阶级的革命事业。他为在我国开创和发展共产主义运动无私无畏，英勇奋斗，直至献出宝贵的生命。虽然李大钊同志和其他无数烈士光荣地倒了下去，但是他们为无产阶级革命事业的奋斗精神和献身精神鼓励着千千万万的后来者踏着他们的血迹继续前行，直至光明的到来。李大钊同志永远是伟大的无产阶级革命家，他的业绩将永远受到中国人民的追怀和崇敬。

# 民国低调的经济学家——宋子文

宋子文（1894—1971），海南文昌人，出生于上海，上海圣约翰大学毕业后，在美国哈佛大学攻读经济学，获硕士学位，后来又在哥伦比亚大学深造，获博士学位。父亲宋嘉树，兄弟姊妹分别有宋子良、宋子安、宋霭龄、宋庆龄、宋美龄，是民国时期的外交家、政治家、金融家。

宋子文早年任国民政府财政部部长期间，通过谈判收回了关税自主权，即确定关税税率、监督税收的权利；中国抗战时期他在担任国民政府外交部部长期间，不但与美国国务卿科德尔·赫尔签订了中美抵抗侵略的互助协定，还在

宋子文

与外国的谈判中收回了各国在华的治外法权。1945 年，宋子文作为中国首席代表出席了联合国大会；与斯大林在莫斯科进行会谈；签订中苏友好同盟的不平等条约。1949 年，宋子文离开内地去了香港，后来在纽约定居，1971 年 4 月 25 日在旧金山逝世。

## 1. 宋子文的民族立场

宋子文在民国史上是一个具有重要位置和重大影响的人物。2008 年 3 月 28 日，他的档案在上海公开，上海复旦大学出版社公布了 3 本有关宋子文的著作:《宋子文与他的时代》《宋子文与战时中国》《宋子文驻美时期电报选》。宋子文被称为“民国最富有的外交家”，长期掌管财政金融机构，作为民国上层人物中蒋、宋、孔、陈四大家族的代表人物之一，这位“财神”自然令人生疑。而宋子文也是最及时的“军需官”，为中国抗日战争争取了大量的美援，因此其外交又值得肯定。其档案已经由美国相关机构公开，并在中国大陆整理出版，然则其一生之名节仍然为世人所争论。

宋子文对国家和民族的独立持有坚定的立场，为了抗日，不惜和蒋介石闹翻；在西藏问题上坚持国家认同；在后来和苏联的谈判中为当年外蒙古独立的问题曾一度拒绝在《中苏友好同盟条约》上签字。

1931年“九一八”事变，尤其1932年“一·二八”事变后，蒋介石顽固坚持“攘外必先安内”的政策。1932年夏蒋介石筹备军费，并发动大规模的“剿共”战争。蒋介石将驻在上海抗日的十九路军调赴福建，希望它在福建在同共产党的作战中毁灭掉。蒋介石找到宋子文，希望他“每五天要拿出166万元军费”。宋子文所关心的是国民经济的状况，同时，他认为抗日比“剿共”更为重要，政府应力图收复东北，保卫华北。他曾说：“赤字和短期借款的恶性循环，此中痛苦我久经饱尝。”故此，宋子文拒绝为国共内战提供经费，并和蒋介石顶撞起来。据陈廷一在《宋氏三兄弟》中记述，一怒之下，蒋介石给宋子文一记重重的耳光，宋子文竟然抄起凳子去砸蒋介石，被左右制止。

1932年6月4日，宋子文和十九路军总指挥陈铭枢相继辞职，隐居上海。在与蒋介石的合作中，宋子文先后提出过4次辞职。这4次辞职是：1929年因财政不能负担军费提出辞职、1931年配合蒋介石“下野”辞职、1932年因不同意蒋介石“剿共”辞职，最后一次辞职是在1933年。

1933年2月，宋子文以行政院代院长身份视察北平、热河等地，表示决不放弃热河，“如日军来攻，则将举全国之力量以与其周旋”；至于饷款，“子文必定筹划接洽，诸君安心拼命去杀贼好了”。视察期间，他还多次呼吁各地、各界“化除成见，团结一致，努力抗日”(《大公报》1933年2月14、18日；《国闻周报》第10卷第8期)。

1933年3月17日，汪精卫回国，宋子文便辞去代理行政院长的职务，4月5日又辞了中央银行总裁的职务，18日他以行政院副院长兼财政部部长的身份访问美、法、英、意、德、比、瑞士等国，还出席了世界经济会议、华盛顿经济讨论会。他为了表示抗日决心，在出访期间两次路过日本都不登岸，也不与日本记者见面，更是拒绝了日本的访问邀请，这也极大地鼓舞了国内的士气。访问欧洲的时候，宋子文在各国面前揭露了日本的侵华真相，不但表明了中国的态度，也呼吁各国提高警惕，注意防范日本海外扩张的狼子野心。因和蒋介石的对日政策不对路，10月27日，宋子文又辞去财政部部长职务。在蒋介石眼中，宋子文就是一个“不合作的军需官”。宋子文原有的行政院副院长兼财政部部长职务被孔祥熙接任。

1944年12月18日，宋子文成为美国《时代》周刊的封面人物。《时代》这样写道：

> 宋子文对日本侵略满洲和热河，发表了最直言不讳的讲话。委员长认为中国还没有做好全面抵抗的准备。宋则主张立即对日作战。从此，这对兄弟反目。1933年，

宋子文被解除了财政部长和行政院副院长的职务。接替他的是蒋的连襟——温文尔雅的山西银行家孔祥熙。

这印证了抗日初期宋子文与蒋介石的矛盾冲突。

此后直到西安事变发生，宋子文与宋美龄一起主张和平解决，营救了蒋介石，二人才和好。但是，在1941年5月，宋子文又在《保卫中国同盟新闻通讯》上刊登揭露国民党顽固派袭击新四军、制造皖南事变、破坏抗日民族统一战线的文章，和蒋介石又闹起了矛盾。

20世纪30年代，宋子文应该是属于和蒋介石在对外主张上具有不同意见的人。我们从毛泽东给他的信中可以看出：

子文先生：

十年分袂，国事全非，救亡图存，惟有复归于联合战线。前次董健吾兄来，托致鄙意，不知已达左右否？弟等频年三呼吁，希望南京当局改变其对外对内方针，目前虽有若干端倪，然大端仍旧不变，甚难于真正之联合抗日。

先生邦国闻人，时有抗日绪论，甚佩甚佩！深望竿头更进，起为首倡，排斥卖国贼汉奸，恢复贵党一九二七年以前孙中山先生之革命精神，实行联俄联共

扶助农工三大政策，则非惟救国，亦以自救。寇深祸亟，情切嘤鸣，风雨同舟，愿闻明教。匆此布臆，不尽欲言！顺颂公绥

毛泽东

一九三六年八月十四日

（《毛泽东书信选集》，人民出版社 1983 年版）

宋子文曾参与西安事变的解决工作，这也表现出他是一位顾全大局的人。《时代》周刊报道说：

在惶惶不可终日的南京，蒋夫人召来了宋子文。在朋友们的“他再也不会活着出来”的哭喊声中，宋子文匆匆登上去西安的飞机。宋子文曾两次飞赴西安——第一次是与蒋介石著名的澳大利亚顾问端纳同行；第二次是与蒋夫人同行。在生死攸关的紧张气氛中，蒋夫人朗读《圣经》诗篇来安慰委员长。宋子文则来回奔走，忙于同各方谈判；他努力平息人们烦躁的情绪；减少恐惧感；据理力争；提出建议和做出承诺。随后，“少帅”停止哗变。委员长在他夫人的搀扶下走出被囚禁的房子。跟在他身后的是表示悔过的“少帅”和喜形于色的宋子文……随后，不到 7 个月，日本入侵华北，蒋终于放弃“剿共”，同意国共合作，团结御侮，进行全面抗战。

## 2. 抗战“军需官”

太平洋战争爆发前，中国在独立支撑抗日的大局。宋子文向来主张联合欧美抗日，而美国对中国的支持态度使得中国看到了一种希望。

宋子文自1933年辞去财政部部长之职后，一直被摒弃于决策核心之外达7年之久。蒋介石于1940年6月派宋子文为其私人代表，被授予“代表中国政府在美商洽一切之全权”，常驻美国以争取美国援助。1941年底宋子文被任命为外交部部长，成为常驻美国的中国的外交部部长。当时中国驻美大使是胡适，因胡适无论从与美国的交情、家族的实力，还是个人的外交能力方面来讲，都无法与宋子文相比，所以在抗日期间，胡适并没有能够发挥应有的作用。蒋介石重新起用宋子文，既是因为当时特殊的时代背景，也与宋子文个人所具备的诸种条件有着密切的关系。

对于宋子文的到来，美国方面极为重视。宋子文运用其强大的活动能力，在美国国会和政府中促成了一股院外援华集团势力。这个集团围绕中国自卫供给公司（成立时命名为“中国自卫供给公司”，后人一般称其为“中国国防供应公司”或“中国国防物资供应公司”）展开美援外交工作。

该公司的成立得益于美国租借法案及中国的政策。美国于1941年3月11日通过“租借法案”，援助反法西斯盟国。该法授权总统可以向“总统认为其防务对美国国防至关重要的任何国家出售、转让、交换、租借或以其他方法处理”任何国防物资。15日，罗斯福总统在演说中称中国也是受援国之一。由于外国政府不能直接采购美国物资，由此催生了中国国防供应公司。

这个院外援华集团性质的公司由宋子文主管全面工作。1941年4月，在美国考柯兰飞机公司负责人考柯兰的协助下，中国国防供应公司在美国特拉华州注册成立。宋子文向罗斯福建议，设立援华委员会，派刚访华归来的居里担任总干事，利用其总统行政助理和经济顾问的身份，“以资内外凑手”。又征得罗斯福同意,聘请其母舅德拉诺为公司董事长,以便在总统“左右树立各方助手，俾援华政策成为实际物质之援助”。公司除雇用中国技术专家外，还聘请了一些美国人任职。5月2日，宋子文进一步被任命为“国民政府与美洽商决定及接受军械贷借之全权代表”。

中国国防供应公司是负责接洽、管理美国援华物资的机构，是抗战时期的产物。宋子文接管之后，仅仅3年时间，公司以200人的规模承接了美国几乎所有的援华工作，包括中美租借关系和中国争取美援等，而且中国国防供应公司还在驼峰空运、远征军训练、飞虎队建设上起到重要作用，并且承接了宋子文顾问的工作。

太平洋战争爆发后，美国援华加快了进度。1942年6月2日，《中美租借协定》(《中美抵抗侵略互助协定》) 签订。

根据美国财政部的统计，中国获得的租借援助数额，从1941年2600万美元，以后逐年增加，直到1945年的11.07亿美元（其中抗战结束前阶段为5.5亿美元）。对华租借援助中，飞机、坦克及其他车辆、船只、各种军用装备等约占5.2亿美元。除2000万美元须偿还外，其余一概作为无偿赠予。

1942年1月起，中缅公路被截断后，中国与外界的陆路和海路交通均被日本封锁，宋子文积极推动了“驼峰”航线的计划。1944年下半年的月平均空运额猛增至2.61万吨。“驼峰”空运是运送美国援华租借物资的一条重要空运线，也是中国抗战后期获取国际援助的唯一渠道。数十万吨的物资对于抗日战争的胜利功不可没。

中国国防供应公司还参与“飞虎队”和第十四航空队建设。1943年10月，身为中国国防供应公司董事长的宋子文返回中国，他的缺席实际上削弱了中国国防供应公司与美国总统和军队总司令之间的联络作用，也降低了该公司在为中国获得援助方面的可能性。1944年4月21日，因宋子文留在中国国内担任外交部部长，蒋介石派魏道明任驻美大使，负责中国在美国的租借活动，并接管中国国防供应公司。7月1日，该公司从此改名为“中国物资供应委员会”。

恰恰是宋子文以公司的行为当成国家的行为，因此他受到各方的质疑和诟病。美国人认为他用租借的办法做生意而大发其财。

斯特林·西格雷夫在《宋家王朝》中揭批宋子文，认为宋子文用这种办法盗取了巨额的租借物资款项，“超过宋家其他成员认为适当的程度”，引起了宋霭龄、宋美龄的反对。宋美龄想要去美国，但是宋子文不同意，他觉得“美国是他的地盘”。而且蒋介石和陈氏兄弟也表示不满，他们“也急于要把令人眼红的外援文件包从子文手中夺过来”。“重庆摔杯事件”就是因为这场内部争斗引起的，当时蒋介石一气之下把茶杯摔向了宋子文。这是蒋介石第二次和宋子文打架。美国财长摩根索曾气愤地说:“叫他们跳长江去。”战后数年，杜鲁门知道事实后，愤怒地骂道：“他们都是贼，个个都他妈的是贼……他们从我们给蒋送去的38亿美元中偷去7.5亿美元。”(《杜鲁门口述自传》)

《宋家王朝》(美国斯特林·西格雷夫著，中国文联出版公司1986年1月中文版）是20多年前的出版物，其中的很多观点值得商榷。部分人的观点是，孔、宋家族在抗战时期的立场是对立的，孔家有央行总裁、行政院副院长，美国对华借款和援华资助都离不开孔家。在宋子文的档案中可以看出，他对孔祥熙相当不满，他在美国完成了一笔借款协议，孔回复得很快，直接说，那是我们财政部的事，你不用管。1942 年的时候，美国同意援华 5 亿美元，可是协议刚签订完，孔祥熙就挪走了 2 亿美元用于发行美金债券了，美国方面知道消息之后，大为震惊，质问中国方面为何这么做,事先也不同他们商量就公布。宋子文也非常生气，亲自给蒋介石发公函表示，以后对华援助的事情不要再找我。而这些事情也正好说明，在抗战时期，宋家要想利用非法手段大量侵吞美国的对华援助物资，可能性不大。

在宋子文档案公布后，相信历史自有其公正的评价。作为抗战期间中美关系中的核心人物，1944 年 12 月 18 日，宋子文成为美国《时代》周刊的封面人物。

无论如何，宋子文是一个坚定的抗战派。抗战中期，缅甸落于日本之手，中国与外界海陆联系均中断。宋子文主张尽早打通滇缅公路。1943 年 5 月 17 日，宋子文应邀出席在美国首都华盛顿举行的太平洋会议。这是中国第一次得到战略发言的机会。针对英、美方面的拖延，宋子文指出 ：“攻缅并非一普通计划，实为三国共同决议案，中国方面部队已集中备战，并将各机场扩充整顿……（中国）今日并无新要求，只请英、美同盟国实行共同决议案，告之攻缅之海、空军配备情形。英、美政府要人已向世界屡次宣布本年攻缅，故请诸君恕我直言，万一有放弃攻缅之决定，中国军民必以为英、美背信违约，英、美表示无决心以武力令日敌投降，不但中国人心绝望而瓦解，同盟军若无中国根据地，亦将无法消灭日寇。”

在反攻缅甸问题上，宋子文和丘吉尔发生了争吵。丘吉尔认为“缅甸为蛮瘴出没之地，在此地区作战，白人不如日人，困难兹多”，与原本的说法大相径庭，他曾辩白：“英国对反攻缅甸计划实未尝有坚定之承诺，自可随局势之演进而有变更。”还表示英国有任何军官曾做保证，均属越权。宋子文严厉反驳道：“在缅作战固属困难……但不在种族之黄白，而在决心之有无。”这个局面下，“二人就所谓丛林作战困难，英国人收复缅甸的努力失败等相互冷嘲热讽，唇枪舌剑”。后来罗斯福从中劝解，最后宋子文表明态度：“中国现最盼望收复缅甸，前所拟定援华计划，务即执行。本人以国家存亡所系，不暇择言，总统、丘相当能谅解关键所在。”

之后，会议对缅甸战役做出了若干决议。会议期间，丘吉尔还动机不纯地提到西藏问题，这引起了宋子文的高度警惕，宋子文作为外交家，始终站在民族的立场解决问题，维护民族利益。5月21日，丘吉尔在会议上说："听说中国正在向西藏大举增派部队，准备进攻西藏，使该独立国家大为恐慌…… 中国现在正卷入冒帝国主义风险的危险境地……中国政府能保证不致有不幸事件发生。"宋子文反击道："西藏可不是什么独立的国家，中国和英国间所签订的全部条约中，都承认中国对西藏拥有主权。"他明确表示："中国过去没有，将来也不会有针对西藏的部队集结或者武力威胁……西藏是中国的一部分……无意对西藏诉诸武力。"

当天，宋子文即将此事电告重庆的蒋介石，电文说："丘相谓，近闻中国有集中队伍进攻西藏之说，致该独立国家大为恐慌，希望中国政府保证不致有不幸事件发生……文答并未有此项消息，且西藏并非所谓独立国家，中英间历次所订条约，皆承认西藏为中国主权所有。"蒋介石22日回电："丘吉尔称西藏为独立国家，将我领土与主权完全抹煞，侮辱实甚。西藏为中国领土，藏事为中国内政，今丘相如此出言，无异干涉中国内政。中国对此不能视为普通常事，必坚决反对。"蒋介石还在日记中愤然写道："昨日傍晚，接宋电称：华会廿一日会议中，丘吉尔突称'西藏独立国，中国在此获得空军接济之时，不宜对藏用兵'……此诚帝国主义真面目毕露，不仅为流氓市侩所不为，而亦为轴心倭寇所不齿。”

宋、蒋2人在有关国家主权的问题上、在民族大义的问题上的处理是得当的、合法的。英国没有就此罢休，7月7日英国战时内阁通过《有条件承认中国对西藏宗主权的决议》，仍然玩弄“主权”与“宗主权”的辞藻，企图否定中国对西藏的绝对主权。

## 3. 难吞的外交苦果

1945年2月4日至11日，美国、英国和苏联3个大国在黑海北部的克里木半岛的雅尔塔举行了一次关于制定战后世界新秩序和列强利益分配问题的关键性秘密首脑会议，即雅尔塔会议。

其有关苏联出兵对日作战的条件是完全不顾中国利益，甚至有牺牲中国利益的条款。其中规定：

> 在德国投降、欧洲战争结束后二至三个月之内，苏俄依据以下条件协助同盟国参加对日战争：
>
> 外蒙古的现状须予维持。
>
> 对1904年由于日本背信攻击（日俄战争）所受侵害的帝俄旧有权利，应予恢复如左：(a)库页岛南部及其邻近的一切岛屿均须归还苏俄；(b)维护苏俄在大连商港的优先权益，并使该港国际化；同时恢复旅顺港口俄

国海军基地的租借权；(c)中苏设立公司共同经营合办中长铁路、南满铁路，并保障苏俄的优先利益。同时维护中华民国在满洲完整的主权。

千岛群岛让与苏俄。

上述有关外蒙古及东北的港湾与铁路等协议，须征求蒋中正之同意，罗斯福总统依史达林（即斯大林）之通知，采取取得其同意之措施。

该协定事前未和中国等相关国协商。这是一笔肮脏的交易，因为它牺牲了盟国中国的利益。据斯大林的说法，该条约“系莫洛托夫起草，罗斯福、丘吉尔仅照式签字而已”。

就中国而言，《雅尔塔协定》侵害了中国的两大利益：一是外蒙古独立一直是民国政府未予承认的，而斯大林所说的“现状”就是指“蒙古人民共和国”；二是恢复了苏联在俄罗斯帝国时期失去的在中国东北的铁路权益和港口权益。

美国不得不要求苏联出兵中国东北，其中一个很重要的原因，是美国在还没有原子弹之前，对于进攻并占领日本本土需要做出的巨大牺牲存在恐惧。同时，美国希望在还没有做出巨大的牺牲之前，即和苏联达成其尽早出兵的协定，以尽量减少牺牲，并限制苏联进一步扩大在东亚的利益。丘吉尔回忆，英、美曾认为在日本本土登陆作战，“很可能需要丧失100万美国人和50万英国人的生命”（丘吉尔《第二次世界大战回忆录》第6卷）。1945年2月美军为攻占硫磺岛即阵亡7000人，负伤1.9万人，这使得美军更加希望苏联尽快出兵。

1945年6月15日，美国驻华大使赫尔利奉命把《雅尔塔协定》的内容正式通知了蒋介石。蒋介石并不希望苏联出兵。这是因为，苏联和中共的关系使他有所忌惮。还有，东北、蒙古等问题使他对苏联也不放心。在4月25日的日记中，他感叹道："国不自立能不戒惧哉？"此番证实以后，蒋介石感到非常愤怒，却又无可奈何，只得同意派行政院院长宋子文、外交部部长王世杰和蒋经国赴莫斯科谈判。宋子文刚刚率领由顾维钧、魏道明、王宠惠、胡适、董必武等人组成的中国代表团离重庆赴美国旧金山，出席联合国宪章制宪会议，并参与联合国的筹建工作。宋子文的外交也达到了顶峰，但顶峰后旋即成为惨败。

程远行在《中国涉外事件秘闻》中说，宋子文得知《雅尔塔协定》后立即向杜鲁门表示："《雅尔塔协定》因无中国代表参加，该会议对中国自无约束力。罗斯福先生越俎代庖，慷他人之慨，干出这种献媚苏联，损害盟国的不名誉行为，中国深表遗憾。因此，对这种非法密约，中国不能承认！"

1945 年 6 月底至 8 月中旬，宋子文在莫斯科与斯大林举行多次会谈，争论激烈。斯大林在先后两个阶段、9 次谈判过程中均占据优势，咄咄逼人。

关于大连问题，宋子文指出，《雅尔塔协定》关于 1904 年因受日本诡诈攻击所侵害之俄方昔日权益应予恢复的声明似乎过于笼统，要加以分析。斯大林强调，这件事针对的并不是中国，而是苏联与日本的关系。斯大林的想法是：在 1898 年条约所规定的港口条件的基础上，苏联的港湾条件需要改善。宋子文说，中国才应该拥有港口的管理权，只是苏联是航运大国，所以优越商业地位应属中苏两国。宋子文表示，条约是帝俄政府签的，而且经过这么长时间，当年的战争形势早已改变，况且条约的期限也到了，所以还以这个条约为基础就不合理了。斯大林不同意，他不但想签订新条约，还想获取更多的利益。当时苏联需要的不冻港在中东铁路经过的区域，若是拿不到港口的控制权，中东路也没用了。

宋子文不想对旅顺军港进行租借，只愿意中苏两国共同使用港口。斯大林的意思是，虽然能够理解中国方面的说法，苏联也不想伤害两国关系，但还是希望中国同意苏联的要求。在中东路问题上，斯大林表示，这条铁路为旅顺军港服务，而且还联系着海参崴与西伯利亚，两国可以合作经营，但是铁路所有权应该属于铁路的建设者，等期满之后，苏联撤出铁路，铁路才能归中国所有。

宋子文在当日致蒋介石的电报中称："本日谈话时，对东三省比较满意，外蒙问题则成僵局。"宋子文请求指示。

7 月 5 日国民党中央举行高级官员会议对中苏谈判的条件做出决定。次日，蒋介石把会议决定的主要内容电传宋子文，要求其在谈判中切实交涉：①东北三省的领土、主权和行政必须完整。②新疆的伊犁和整个新疆沦陷区必须完全恢复，中苏双方应依照以往的协定共同在边界地区清剿土匪。阿尔泰地区应属新疆。③中共对军令、政令必须完全由中央（国民党中央政府）统一指挥，按照各国政党和国家法令的原则，政府将一视同仁，正式召开国会。政府改组时可容纳中共进入行政院。④中国必须统一到如此程度才可以按三民主义原则主动提出外蒙古问题，计划由外蒙古人民用投票的方式解决。如果投票结果是外蒙古独立，那么政府将提请国会正式通过后，方可宣布独立，但必须是在抗战结束之后。

宋子文在 7 月 7 日的会谈时争辩道：原来的协定只能维持外蒙的现状，并没有独立的意思，但斯大林说外蒙已是"人民共和国"，现状就是独立。宋子文用高度自治权问题反击，斯大林并不同意，还表示，外蒙独立问题如果得不到解决，中苏盟约无从讨论。

7月9日，在中苏双方举行的最重要的第四次会谈中，宋子文首先宣读了蒋介石的电报指示："中国政府今愿以最大牺牲与诚意，寻求中苏关系根本之解决，扫除今后一切可能之纠纷与不快，藉获两国彻底之合作，以完成孙总理在日与苏联合作之遗志，中国最大之需要为求领土主权行政之完整，与国内真正之统一，于此有三项问题切盼苏联政府予以充分之同情与援助，并给以具体而有决心之答复。"

蒋介石要求苏联答复的问题如下：①满洲领土主权与行政完整。为了中苏共同的利益出发，中国准备共同使用旅顺军港，大连辟为自由港，期限为20年，旅顺、大连的行政管理权应属于中国，目的是保证中国在满洲的主权真正完整。中东、南满铁路干线可以与苏联共同经营，利润平均分配，但铁路所有权应属中国，铁路支线及铁路本身以外的经营不包括在共同经营范围之内，期限为20年。②新疆在最近一年内发生叛乱，导致中苏交通中断，商业贸易无法维持，希望苏联能按照从前签订的协定，与中方一道平定叛乱，使得贸易交通得以恢复。阿尔泰山脉原属新疆，应该继续是新疆的一部分。③中国共产党有自己单独的军事和行政组织，由于其军令和政令未能归中央统一，深盼苏联只对中央政府予以所有精神和物资上的援助，苏联政府向中国提供的一切援助应以中央政府为限。蒋介石在提出上述3个要求外表示："中国政府以外蒙问题既为中苏两国关系症结之所在，为中苏共同利害与永久和平之计，愿于击败日本及上述3项由苏联政府接受之后，准许外蒙之独立，为避免纠纷起见，拟采取公民投票方式，投票以后中国政府当宣布外蒙之独立。"蒋介石同时在电报中对外蒙古的疆界范围做出明确划定，即以中国旧地图为准。

斯大林做出承诺：关于满洲问题，他已宣称，并愿意做出任何中方希望得到的声明，苏联完全承认中国在满洲的主权。关于中国共产党，斯大林表示并不予以支持，也没有支持的意向。他认为中国只有一个政府，如果中国国内还有另一个政府，自称为政府，应当由中国自己去解决。关于蒋介石提出的只援助国民党中央政府的要求，斯大林表示自己从来都是这么做的。

直到1945年7月12日第一阶段的最后一次谈判，中国仍然坚持自己的见解。斯大林以要赴柏林参加波茨坦会议为由宣布暂停谈判。对于不得不接受苏联的条款，宋子文深知其屈辱之所在，于是，在第一阶段谈判结束后，宋子文回国述职，给蒋介石打报告，请求辞去外交部部长的兼职，并表示不会在条约上签字，除非蒋经国也签字。蒋经国劝说王世杰代理外交部部长。

蒋经国对于苏联也没有好印象。他后来回忆，斯大林问道："你们对外蒙古，为什么坚持不让它独立？"蒋经国回答："你应当理解，我们中国八年抗战，就是为了把失土收回来，今天日本还没有赶走，东北、台湾还没有收回来，一切土地都在敌人手中，反而把这样大的一块土地割让出去，岂不失却了抗战的本意？我们的国民一定不会原谅我们，会说我们'出卖了国土'。在这种情况下，国民一定会起来反对政府，那我们就无法支持抗战，所以我们不同意外蒙古归并苏联。"

"斯大林干脆地说：'今天并不是我要求你来帮忙，而是你要我来帮忙。倘使你本国有力量，自己可以打日本，我自然不会提出要求。今天你没有这个力量，还要讲这些话，就等于废话。'后来他不耐烦了，直接地表示：'非要把外蒙古拿过来不可。'"

斯大林的确是为维护和扩大苏联的国家之私利而绝不愿意为中国做出牺牲的人。1941 年 4 月和日本签订了出卖中国利益的《苏日中立条约》以后，斯大林曾经亲自把日本代表松冈外相送上火车站月台，这是极不符合国际规范的举措，说明了斯大林对侵略者日本的姑息和迁就。蒋介石当时揶揄说："倭俄协定签订后，松冈由俄启程时，斯大林亲赴车站送行，而斯且向松冈拥抱接吻——此实为苏俄自来所未有。但绝非俄有意谄倭，其用心在离间德倭关系，倭愚而不知其中

诡计也。”（蒋经国著 :《蒋经国回忆录》，东方出版社 2011 年版）

而当苏联可以从战争中得到好处的时候，即撕毁中立条约，决定攫取中国的利益。所以，中国谈判代表在苏联是受到了斯大林的一再要挟和恫吓的，连日本侵略者的代表都不如。蒋经国当然也不想在条约上签字，于是这个倒霉的任务就交给了王世杰。

8 月 12 日，第九次会谈时，针对技术性问题两方进行了协商。苏联方面坚持自己的立场，不同意旅顺市区的行政归中国。中国方面虽然不接受苏联的说法，但是身为中方谈判代表，宋子文也意识到苏联不可能再退让了。8 月 13 日，蒋介石致电宋子文称 :“对于外蒙及其他未决事项，准授权兄等权宜处置可也。”当天深夜，斯大林和宋子文、王世杰终于最后就争议问题达成一致。8 月 14 日，由王世杰签署了《中苏友好同盟条约》及其附件。这种巨大代价，终于换取苏联出兵中国东北，但日本迅速宣布无条件投降。

1949 年 1 月宋子文去了法国，随后侨居美国纽约。1971 年 4 月 25 日病逝于美国旧金山。

有关宋子文这个历史人物，《文史参考》(《人民日报》主编）第 56 期的一篇文章评价了宋子文率团赴苏交涉一事，文中用“弱国无外交，但不一定没有硬臣”以及列举蔺相如使秦的典故来褒奖宋子文，认为其虽没有保住疆土却保住了正气，不辞职也不会有人指责，毕竟是受命而为，但是宋子文良心上过不去，仍旧毅然辞职。这对他个人来说是一种守节，对国家来说也是一种对外的抗议。

## 延伸阅读

### 民国“新生活运动”之交通规则革新

民国时期的交通最基本的特征就是新旧运载工具的并行。一方面，轮船、火车、电车、汽车等新式机动交通工具迅速发展；另一方面，畜力拉载驮运、人力肩挑背驮以及水路交通中的木船排筏依然盛行。同时受道路交通设施改善等因素影响，新型人力交通工具包括传入的如黄包车、自行车，自己改良的如三轮车、脚踏车等纷纷出现。

民国肇始，前清官员仪仗制度废除，历史久远的最主要的古代交通习惯——官员出行按等级避让制度就此终结，取而代之的是适应新型交通方式、新的交通规则之下的新的出行习俗。

民国时期的出行习俗与交通规则密不可分。现代交通规则的出现与修订无疑深受西方的影响，因此在设有租界的通商口岸最先出现，时间也早在民国建立之前的清末。

上海可作为其中的代表。近代交通规则在上海出现较早，而且随着市内交通方式的变化而不断修订、完善。先是在黄包车、手推车占道路交通主角的时代，租界当局公布了《手推车规章》。

进入马车时代，1899 年公共租界颁布《巡捕房职务章程》，其中第 30 项为《马路章程》，计 17 条，就涉及道路交通。如驾车者须在马路左边前行，他车须从其右边向前；过桥或十字路口，或转弯之时，应格外缓行，向左转弯，应靠路边，即俗所谓“小转弯”；向右转弯，则须从宽而转，即俗所谓“大转弯”；凡载重之车马等类，其速率不得较速于步行之人；在马路上有马或牲口，无论驾车不驾车，应有伶俐之人看管，此人应在随时可以收缰制服，不准离开。这些规则一直沿用到民国时代。

20 世纪进入机动车时代，尤其是到了 20 世纪 20 年代，电车、汽车开始在上海市内交通中唱起主角。与原先已有的各种交通工具相比，电车、汽车肇祸的危害性更大，也因此从一开始就被视为“市虎”，颇受诉议，广州等一些地方直至北洋政府内政部的官员都有拟订取缔“市虎”条例的动议。

1928年杭州还特别下令已经开业的公共汽车公司全部停驶。但取缔显然是违反社会进步规律的，是行不通的。虽然在一些未通机动车的小镇的道路上依然能如往昔一样优哉游哉如闲庭散步，但这样的地方只会越来越少。“市虎横行，马路本来是‘凶地’，汽车原也是件‘凶器’，走路人焉可以不小心？”如何在新的形势下形成一套新的出行规范、养成一种新的出行习俗才是最重要的。

1921年初上海就有人编发“上海行路须知”传单，提示行人：“凡欲穿过东西马路（如大马路之类），由南向北时，必先向东一看（马路南边汽、电各车由东向西），行时再向西看（马路北边汽、电各车由西向东），若无车马往来，方可穿过。由北向南者反是。凡欲穿过南北马路（如河南路之类），由东向西时必先向北一看（马路东边汽、电各车由北向南），行时再向南看（马路西边汽、电各车由南向北），若无车马往来，方可穿过。由西向东者反是。凡过马路时，切不可在电车开过之后随即穿过，盖恐对面所来之车马一有电车遮蔽，不知有人穿过，最为危险。凡下车时，必待停稳，向后一望，又无往来车马，方可下车，否则立足不稳，易遭误伤。如路旁有月台者，亦须鱼贯上下，不可拥挤。凡往来马路之人，须走路旁之水门汀上，此处无车马往来，最为稳妥。”《申报》在照录该传单后，另加按语：

“按上述诸端，为行人防患设想，可谓周到，但尤须各项车辆咸各遵照工部局规定之行车路线行驶，则酿成命案之事，自可减少也。”

这样的提示固然有其积极意义，但在新的交通形势下，要确保道路畅通与安全，更需要相关部门有所作为，制定全新的交通规则。1920年，上海工部局巡捕房就开始起草涉及租界及相关地区的交通规则，1921年1月1日正式对外公布和实行，1923年和1931年又两次对《交通规则》进行修订，并于1931年6月正式公布，共62条，是一部相对完善的上海城市《交通规则》。

上海之外，各地的道路交通管理、设施也在相应进步，同时也在推出自己的交通规则。但因各自为政，连一些基本的规则也未能在全国统一。比如左行还是右行可谓最基本的规则了，竟然也是各行其是。大体而言，在南方，例如上海、浙江、广东，由于受英国影响，左行规则较为普及；而在北方如山东、河北等地，由于受俄国、德国、美国等国的影响，大多采用右行规则。随着公路建设的发展，汽车交通在全国逐渐连为一体，这种局面当然不得不需要改变。

20世纪30年代“新生活运动”，规定车辆靠左行驶，而在伪满洲国、伪蒙疆政府和日本占领区也采取左行规则。抗日战争期间，美国全力支持中国抗日，随着大量美援汽车（左驾车）按照租借法案运抵中国，靠右行驶逐渐成为大多数司机的习惯。抗日战争胜利后，民国政府规定，自 1946 年 1 月 1 日起，全国车辆均靠右侧行驶。至此才算有了一个统一的结果。

此外还规定，群众列队游行应靠右行走，与车辆一致；成队行列掺杂车马者，应与车马同样靠右行走；普通行人应在人行道上行走，如无人行道之处，必须紧靠路边行走；所有车辆行人均应听从交通警察之指挥。各地方政府也积极应对，制定了相应的交通规则并广泛宣传。如上海颁布了具体的注意事项：①行人注意："搭乘电车、公共汽车，须在车辆右边上下；横越马路，须先左看，行至路中再向右看，注意来往车辆。"②驾驶人注意："车辆均须靠右行驶，向右转须走小转弯，向左转须走大转弯；车辆欲超越前车时，应由其左边驶过，唯超有轨电车时，则由右边驶过。"

还有一些人提出了个人的看法与建议。如在上海有人建议："行人要使其充分利用人行道，不得在街心行走，更不准随意在任何地方穿过马路。行人欲穿过马路者，必须在规定之地方穿过之，以免危险。"

良好的交通习惯不可能于一朝一夕养成，也并非一纸交通规则就能改变一切。民国时代存在着一些在今人看来匪夷所思的不良交通习惯。如上海早期电车不设车门，电车在行驶过程中会有乘客"飞车而上，飞车而下"的惊人举动。著名文化人曹聚仁也曾"自负飞车能手，有一回摔了一跤，就此不敢再试了。其后电车装了闸门，谁也飞不成了”。直到 1922 年才装上自动门来避免乘客在车子开动时上下车。北京的乘客乘坐电车常有“挂票”行为，即攀附在行驶中的电车车尾或侧立于车门处，自然是相当危险的。

# 杰出的民族实业家——荣氏兄弟

1986 年 6 月 15 日，一个引人注目的观光团到了北京，他们是来自美国、加拿大、澳大利亚、联邦德国、巴西、瑞士以及中国港、澳地区的荣氏亲属。18 日上午，中共中央顾问委员会主任邓小平在人民大会堂会见了这个由 200 多人组成的荣氏亲属观光团，同他们合影留念，亲切叙谈。邓小平高度赞扬了荣氏家族为祖国所做的贡献，他对荣氏亲属中最年长的、全国人大常委会副委员长荣毅仁的胞兄——荣尔仁说，你们荣家对发展中国民族工业是有功的，是推动历史前进的，人民是不会忘记的。

这个荣氏家族的父辈，就是在中国

荣宗敬

近代工业发展史上有着重要地位的著名实业家荣宗敬、荣德生兄弟。这两位荣氏企业的创始人，从 1900 年起，先后创建了茂新面粉公司、福新面粉公司 12 个厂和申新纺织公司 9 个厂，以及其他一些附属企业，成为 20 世纪初乃至近半个世纪里中国民族工业中规模最大的一个企业集团。

## 1. 学业有成

荣宗敬（1873—1938），名宗锦，江苏省无锡荣巷人。中国近代著名的民族资本家，被誉为中国的“面粉大王”“棉纱大王”。荣宗敬主张“实业救国”。“实业救国”与“民主共和”成为当时的两大思潮，“实业救国”在当时具有爱国的进步意义，促进了资本主义发展，无产阶级随之壮大起来，同时对外国资本主义经济入侵起到一定的抵制作用。

他的弟弟荣德生（1875—1952），又名荣宗铨，是中华人民共和国原国家副主席荣毅仁之父，是中国近现代著名的民族资本家、慈善家、民族实业家。

荣宗敬、荣德生兄弟的祖辈多以经商为业。至祖父荣锡畴当家时，家境已经衰落。到他们的父亲荣熙泰时，祖传家产仅剩下两间旧屋和 10 余亩田地。荣熙泰远离家乡，辗转到广东谋得一个厘卡官吏的职位，但他为两个儿子选择了经商的道路。

1886年，荣宗敬年方13岁，父亲把他送到上海南市一家铁锚厂当学徒。第二年，经人介绍到上海永安街豫源钱庄拜师学业。1889年，荣德生14岁时，由哥哥的友人推荐，也到永安街通顺钱庄学业。兄弟俩在学徒期间，刻苦好学，长进很快。荣宗敬19岁满师后，在南市森蓉泰钱庄当跑街，专管无锡、江阴、宜兴三地的汇兑收解，接触的客户多经营棉、麦等农产品，使他对于中国的棉、麦产销情形，有了不少了解。22岁那年，因受甲午战争的影响，森蓉泰经营失利倒闭，荣宗敬便返回故里。荣德生在钱庄学业时，由于细心钻研，很快熟悉了汇兑批水业务，并练就了一套记账结算的好方法，受到了钱庄经理的赞许。但是，荣德生嫌钱庄薪水低微，便在18岁满师后也离沪回了老家。然而，这短短几年的钱庄学业生涯，终究使荣氏兄弟在创业的道路上迈出了第一步。每当回忆起这段经历，荣德生常常津津乐道地对人说："余之一生事业，得力就在这时。"

荣德生回到荣巷后，一度随父亲赴广东三水河口厘金局任助理账房。1895年底，荣熙泰得病在身，父子俩便相偕返回无锡。这时，荣宗敬已经闲居在家。荣熙泰打听到同乡老友中在上海经营钱庄发了财的不乏其人，便带病赴上海，实地了解。他看到南市一带钱庄林立，生意确实不错，当即决定让两个儿子在南市鸿升码头开设一家广生钱庄。荣熙泰自己拿出1500元的积蓄，另外招股1500元为资本，光绪二十二年（1896）二月初八正式开业。荣宗敬任经理，荣德生为管账；并在无锡设立分庄，荣德生任分庄经理。不久，合伙股东拆股退出，广生钱庄便由荣宗敬兄弟独资经营。

这时，中国处在甲午战败之后，帝国主义强国利用不平等条约加强了对中国的经济侵略，同时也刺激了中国资本主义工商业的发展，钱庄业务渐渐兴旺。广生钱庄经营无锡、常州、宜兴、溧阳等地的汇兑业务，也迅速发展起来。连年获利都在六七千元。但是，荣氏兄弟认为，“钱庄放账，博取微利”，还不如自己直接投资经营实业为好。1899年，荣德生又应邀在广东厘金局任总账，目睹免税的外国面粉大量进口，销路甚畅，漏卮日巨，遂与荣宗敬商定筹办面粉厂。1900年10月，他们以6000元钱庄盈利作为资本，与人合伙，购置了4部石磨，在无锡办起了第一个面粉厂——保兴面粉厂，于1902年建成投产。

创业伊始，步履维艰。石磨磨的面粉，质量差，成本高，难以在市场竞销。无锡的封建乡绅又恶意中伤，散布保兴面粉有毒的谣言，以致销路大受影响。大股东朱仲甫退出股份，保兴厂面临散伙的局面。荣氏兄弟坚定不移，并增资扩充，将保兴改组为茂新面粉厂，由荣德生任厂务经理，荣宗敬为批发经理。为增强茂新的竞争能力，他们到上海的几个大面粉厂去参观，看看人家的底细。但英商增裕厂的制粉车间不让看，华商阜丰厂、华丰厂也不让进。荣德生找门路偷偷地溜进了华丰厂，参观各种机器设备。回无锡后，他马上采取措施，改进设备，并增添新式钢磨，使面粉的产量和质量有了明显提高。茂新面粉终于赢得了市场的信誉，尤其在东北市场上打开了销路。

1905 年以后，民族工业在挽回利权运动中得到了新的发展。荣氏兄弟又以钱庄和面粉厂的 6 万元盈利作投资，与买办荣瑞馨等合资在无锡筹建振新纱厂。1907 年振新建成开工，实收资本共 27 万余元。振新创办之初，厂务实权掌握在荣瑞馨手中，因管理混乱，亏蚀甚巨，引起股东不满。1909 年进行改组，由荣宗敬任董事长，荣德生任经理。兄弟俩受任要职以后，着眼于降低产品成本，提高质量，立即对供、产、销各个环节进行整顿，终于使振新棉纱与日本棉纱并价齐卖。

两厂经过改组、整顿，荣氏兄弟俩密切配合，一个抓厂务管理，一个抓产品销售，企业经营都有了转机。荣氏兄弟勇于开拓的企业家才干开始显露头角，从而进一步为他们立志投身于兴办实业增添了勇气。

## 2.“世界面粉大王”

荣氏兄弟依靠4部石磨，终于在兴办实业的道路上艰难地迈出了第一步。

1909年夏，他们向上海美商恒丰洋行订购最新式美国面粉机12部，还得到了分期付款的优惠条件。他们立即着手改建厂房，把4部石磨拆去，装置新式电动设备。1910年3月，新机全部安装完毕。这时，全厂共有新式钢磨18部，实际生产能力比初创时增长了9倍，大大降低了产品成本，提高了生产效率。新产品取名为“兵船”，当年，茂新厂就获得了盈余。

1911年，江浙一带水灾为患，一些厂栈存麦遭受水浸发霉。荣德生当即觉察到用这类原料生产面粉，必定色差味异。于是，他亲自把好原料关口，严格制定小麦选购和仓库保管的一套办法，通知各地的麦庄绝不准采购湿晒热伤小麦；发现混有热坏麦粒、砂石、杂质的，即雇工拣选。如此层层把关，茂新兵船牌面粉的色味都较他厂出品为优。次年，在粉市呆滞的情况下，他们又大胆购进一批四川小麦，使茂新产品更臻上乘。结果，其他厂面粉因受质量影响积压滞销，唯独兵船牌面粉深受客户欢迎，售价也超出了阜丰老车牌。1912年，茂新盈余高达12.8万两，终于还清了各项欠款。

兵船牌面粉在市场上创出牌子以后，荣氏兄弟从事企业活动的信心倍增。辛亥革命之后，他们的企业活动开始从无锡转向上海发展。他们与王禹卿兄弟、浦文汀兄弟合资创建福新面粉厂，资本4万元，荣宗敬任总经理，于1913年2月建成投产。福新开办初期，原麦采购统由茂新进货，福新面粉也采用兵船牌商标。因此，福新产品还未出厂，栈单早被抢购一空。福新的业务得到了意想不到的顺利发展，开工不到一年，即获利3.2万元，盈利率达80%。福新厂的优厚利润，刺激了荣氏兄弟要在面粉工业上干一番事业的勃勃雄心。他们一面继续扩大茂新、福新规模，一面在无锡和上海接连租办或收买老粉厂，经营规模一年比一年扩大。

根据茂新的办厂经验，荣氏各厂都十分注重小麦质量。每年收麦季节，兄弟俩都悉心研究当时的小麦情况，以便及时发现问题，采取对策，保持产品的声誉。各厂还仿效茂新的做法，无论新建厂还是租办或收买的旧厂，都购置最新式机器，或对旧机器进行更新改造。对于引进的国外机器设备，他们仔细研究它的性能，以便最有效地发挥机器效率。外国的制粉机，是根据外国小麦的品质设计制造的，我国所产小麦泥灰杂质较多，进口粉机的清麦筛理能力不能适应，不仅直接影响面粉质量，也限制了产量的提高。因此，荣氏兄弟请来有经验的面粉师、技术人员共同研究摸索，进行革新改造，终于增强了清净麦粒的效果和出粉能力。面粉的质量进一步提高，实际生产能力也比原来的设计能力增加了 50% ~ 100%。

由于荣氏兄弟经营得法，经过第一次世界大战时期的迅速发展，茂新、福新连租带买和自己投资新建的工厂，先后共有 14 个之多。内有租办的面粉厂 6 个，其中租期满后收买下来的有 3 个。到 1921 年，荣氏兄弟继续经营开设的面粉厂一共有 12 个，即茂新一厂至四厂，福新一厂至八厂，分布于上海、无锡、汉口、济南等地。此外还经营一家租办的面粉厂。这时，荣氏面粉厂之多，在全国同行业中首屈一指。其拥有粉磨 301 部，日产面粉能力达 76000 袋，在全国民族资本面粉工厂生产能力总数中占 31.4%，如果包括在华外资面粉厂的生产能力在内，也占到 23.4%。各厂所产的面粉，畅销全国各地，其中极大部分运销华北地区。它的兵船牌面粉，更是远销英、法、澳大利亚及东南亚各国，在第一次世界大战期间，出口达 80 万吨，在国内外市场上享有盛誉。荣氏兄弟为中国民族面粉工业的发展立下了汗马功劳，成了中国有名的“面粉大王”。

## 3. 对外竞争

荣氏兄弟从开始创办实业时起，就确立了以粉、纱工业为自己的投资目标。粉厂经营的成功，又进一步增强了他们对纱厂事业的浓厚兴趣。担任振新经理的荣德生，准备以少分红利，厚积资金，采取“肉烂在锅里”的办法来扩大振新规模，主张在上海、南京、郑州等地增建3个新的纱厂。但是，他的主张遭到一心只想多得现金、多分红利的大多数股东的反对，引起了股东间的纠纷。荣氏兄弟便毅然于1915年春退出了振新纱厂。

这时，正值第一次世界大战，中国民族工业获得了空前的发展。荣氏兄弟用粉厂盈利，在上海另行招股创办了一家拥有30万元资本的申新纺织公司（申新一厂）。荣氏兄弟出资18万元，荣宗敬自任总经理。申新一厂自1916年正式投产以后，连年盈利丰厚，1919年全年盈利达104万余元。意外的高额利润，为荣氏兄弟添机扩充、增建新厂提供了有利条件。此时，上海正巧有一家原先由日商经营、后为华商祝兰舫等合资购下改名为“恒昌源”的纱厂急待出售，荣宗敬便以40万元购下了这个旧厂（申新二厂），以后考虑到上海外商纱厂林立，华商纱厂受压严重，申新便向无锡、汉口扩展，先后建立了申新三厂、四厂。到1922年，申新4个厂的纱锭已达13万余枚，成为一个具有相当规模的纺织企业集团。此时，以荣宗敬为总经理的茂新、福新、申新总公司正式成立。

第一次世界大战结束以后不久，帝国主义势力卷土重来，中国民族工业又进入了一个艰难的时期。茂新、福新、申新企业在外货压迫下，出现了巨额亏损。这时，荣氏兄弟在茂新、福新粉厂系统采取了保守的策略，不再向外扩展，而把主要力量转向发展申新纱厂系统，采取了“对外竞争，非扩大不能立足”的战略方针。荣宗敬有一条指导自己行动的信条，就是多建一个厂，便多一个赚钱的机会；多买一个旧厂，便少一个竞争的对手。他希望在自己50岁时拥有50万纱锭，60岁时拥有60万纱锭，70岁时拥有70万纱锭，80岁时达到80万纱锭。因此，即使借债，他也不错过任何机会去大力扩展申新的规模。在荣德生的支持和共同配合下，1925年至1931年间，申新集团共增加了5个厂，内有新建的一个装有全套最新设备的申新八厂，其产品在市场上可与日纱相媲美；另有4个厂是收买来的旧厂，其中有收买英商东方纱厂后建立的申新七厂。这时，申新在上海、无锡、汉口共有9个厂，共拥有纱锭46万枚，布机4757台，分别占全国民族棉纺业总数的18.9%和27%。它的发展速度远远超过其他民族棉纺织厂，其中20世纪20年代的纱锭增长率甚至超过了在华的日商纱厂。申新的人钟名牌棉纱和兵船牌面粉一样，畅销于市场，成为全国闻名的标准纱之一。由于荣氏兄弟为发展民族棉纱业做出了重要贡献，又被人们誉为旧中国的“棉纱大王”。

为什么荣氏企业能不断扩大并迅速发展呢?

第一，正如1932年荣德生在荣宗敬60寿辰时所说：非恃有充实之资本，乃恃有充实之精神，精神为立业之本。

第二，他们具有强烈的竞争意识。荣德生说过，为了增强竞争能力，“非扩大不能立足”。荣宗敬也常说，竞争如同打仗一样，多买一只锭子，犹如多得一支枪，也就可以在竞争中多增一份实力。因此，他们主张：“造厂力求其快，设备力求其新，开工力求其足，扩展力求其多。”在造新厂之外，他们又积极收买旧厂，“人弃我取，以旧变新”，经过整顿以后，形成了新的生产力，在市场竞争中处于更有利的地位。

第三，他们具有远见卓识和开拓创新精神，以“不能陷于自封之境域”为企业的经营方针，在注重先进设备的引进和旧设备更新的同时，还十分重视原料的改良和技术人才的开发。如投资试办棉、麦良种试验场；创办公益铁工厂，自制面粉机、纺织机；开设公益工商中学、职工养成所，以后又办面粉、纺织专业的大专院校等。这些对于荣氏企业的不断发展，都发挥了重要的作用。

荣氏兄弟各负重任，平时相互尊重，分工配合，顾全大局，从不固执己见。在企业遭遇挫折时，他们总以共同事业为重，同舟共济，渡过难关。尤其是荣德生一贯尊重兄长，“从兄行事”，经常给兄长以支持。兄弟俩这种合作谅解、同心协力的精神，也是荣氏企业集团取得成功的重要因素。

## 4. 力挽狂澜

20 世纪 20 年代，是荣氏纺织工业积极发展的年代。但由于外国资本主义势力的重重压迫，这一繁荣时代转瞬即逝。荣氏企业大量举债扩充，经济负担日益加重。当申新拥有 9 个厂的时候，整个荣氏企业对外的负债总额已达 5000 万元以上，大部分厂产已抵押殆尽。进入 30 年代以后，由于世界经济危机的影响，外国面粉、纱布的大量倾销，尤其是日本帝国主义侵入我国东北地区，紧接着又入侵上海，民族工业的市场危机更为严重。荣氏兄弟这时才深感自己背上了一个难以卸脱的大包袱。为了扭转这个逆势，荣宗敬一面在各种场合大声疾呼，请求政府减轻捐税负担，停止战乱，便利交通运输，为发展民族工业提供良好的条件；一面和荣德生亲自分赴广东、香港和西南、西北各地调查商情，寻求新的市场。与此同时，在企业内部实行紧缩政策，减工减薪，裁退工人。但是，一切努力都没有产生什么明显的效果。1933—1934 年，荣氏上海各厂全面减工，并一度全面停工，亏损连年增加，债台越筑越高，到期应还押款不得不一再恳请行庄转期。荣宗敬哀叹，这是他办厂以来最为痛苦的时期。

1934 年 6 月底，是荣氏兄弟永远不会忘记的灾难性日子。这几天，行庄债权人每天派人到公司，通宵达旦坐索借款。荣宗敬一筹莫展。6 月 29 日凌晨，荣德生从无锡赶到上海，竭力设法筹款。他用自己和荣宗敬所有股票、存折，再加上申新三厂和七厂的押余作为担保，与中国、上海两银行商妥押借 500 万元，以应燃眉之急。但中国、上海两行付至 280 万元时，突然停付，申新开出的支票遭到退票，一切经济活动终于搁浅，荣宗敬被迫一度退职。这时，国民党政府实业部企图以 300 万元代价接管申新。荣宗敬闻讯大怒说："拼死也要同他们弄个明白。"后来，由于申新股东的强烈反对和社会舆论的压力，以及荣氏兄弟的坚决抵制，并通过国民党元老吴稚晖的说项，申新才没有被实业部接收。

同年 8 月起，申新各厂先后由主要债权人组成银团垫款开工。申新二、五厂因亏损过重，被迫停工达一年零八个月之久。申新七厂与英商汇丰银行有押教关系，因到期未还，被该行擅自拍卖。荣宗敬不胜愤恨，他痛斥说："这是帝国主义势力对我国实业素具摧残野心的一个明证。"后来由于全厂工人的坚决抵制和社会各界的有力声援，"拍卖"才被迫解除。

在最艰难的日子里，荣宗敬几乎每天去中国银行向宋子文求援。宋子文赤裸裸地对荣宗敬说："申新这样困难，你就不要管了，你家里每月 2000 元的开销，由我负担。"企图把申新一口吞掉。

在严酷的形势面前，荣氏兄弟并不灰心丧气。荣宗敬向报界公开表示，虽然"国内实业日处风雨飘摇之中，但本人将竭力奋斗，以图破此难关。"

他们深知，为了尽快改变处境，唯一的出路就是依靠自己的力量，在企业内部进一步实行改革。于是他们成立申新改进委员会，荣宗敬亲自领导，由 15 名各厂的高级管理人员和工程师组成。委员会从申新企业全局出发，在生产技术和经营管理上的改革，以及企业组织的整顿等方面，做出了整体性的统筹改进。

1936 年，随着全国经济的复苏，荣氏企业的业务也开始好转。1937 年上半年起景况更好，盈利激增。不仅汇丰银行的债务全部还清，而且各厂设备还稍有扩展。至抗战前夕，茂新、福新两厂的面粉日产能力已增至近 10 万袋，申新各厂的纱锭达 57 万枚、布机逾 5000 台。企业欣欣向荣，荣氏兄弟振作精神，准备再展宏图。

## 5. 渡尽劫波

宏图未展，灾难临头。日本侵略者发动了侵略战争，荣氏企业遭到了空前浩劫。其中如申新八厂、茂新一厂被敌人炮火摧毁殆尽，成为一片废墟。在卢沟桥事变以后的 14 年抗战中，有 1/3 的纱锭、一半以上的布机以及 1/5 的粉磨，均被破坏毁损。幸存下来的机器和设备也大都被敌人“军管”劫夺。那时，荣宗敬留居上海租界，目睹手创的事业被毁于一旦，造成了精神上的严重创伤，以致积郁成疾。1938 年 1 月，65 岁的荣宗敬为了避免与敌伪势力发生任何瓜葛，离沪前去香港。到港不久，病情恶化，于同年 2 月 10 日逝世。

荣德生于 1937 年 10 月中旬，在炮火纷飞中撤离无锡到了汉口。他把公益铁工厂的机器设备和申新三厂的一部分纺织机拆迁转运至后方内地，准备继续投入生产。但因途中屡遭敌机轰炸，只有公益铁工厂一小部分机器运到重庆建厂复工。复工以后，依靠随机到渝的几十个工人和技术人员，制造面粉机器和机床，为神圣的抗日战争提供了一部分急需的民用产品。

当时，由荣德生的女婿李国伟担任经理的汉口申新四厂和福新五厂，为了支持长期抗战，决定全都内迁。荣德生嘱咐李国伟，要抓紧时机前去陕西宝鸡等地选定厂址，为“报效国家社会，在荒僻创造事业”。在李国伟的主持下，经过广大职工的艰苦努力，申四、福五两厂先后在四川的重庆、成都和陕西的宝鸡、甘肃的天水等地建起了 11 个工矿企业，经营范围除了原有的面粉和纱布两业外，又新办了铁工、造纸、煤矿等企业，为战时后方物资供应做出了贡献。

1938 年 6 月，荣德生离开汉口到了上海。环境所迫，他不再过问总公司业务，也不与外界往来，独自居家，以收购古书画为消遣。1942 年，日本侵略者开始发还“军管”工厂，曾数度派人联系要与荣家“合作”经营，并企图强制收买申新一、八厂。荣德生深明大义，立场坚定，断然加以拒绝。他说：“我是中国人，绝不把中国的产业卖给外国人。”所以，直至抗战结束，沦陷区的荣氏企业除了一部分工厂被敌人强行以“租赁”形式实行控制之外，并没有让出一个工厂与敌人“合作”，或被收买。

抗战时期，由于受战争环境的影响，以及荣宗敬病故之后企业内部人事关系的变化，茂、福、申新总公司不能集中权力，逐渐分立为三个管理系统。属荣德生主管的，主要是上海的申新二、五厂和无锡申新三厂、茂新各厂及其他有关企业。虽然，荣德生在沦陷时期大多闭门闲居，但他回忆过去，思索未来，思想上始终没有闲过。1942 年，他开始撰写一部 5 万余字的回忆录——《乐农自订行年纪事》，记述了他自 1875 年出生至 1934 年 59 年间的经历。过后不久，又继续编写 1935 年以后的纪事续编。这部《纪事》以丰富、生动的具体材料，记录了他一生从事实业活动的艰辛历程，总结了他创办民族企业的一些经验和教训。这部《纪事》为后人研究近代中国民族企业和民族工商业者的历史，留下了不可多得的有价值的资料。

荣德生在抗战后期的叙述中，强烈地表现了他期待着战后复兴的心愿，并制订了新的实业计划，准备再创建一个比茂、福、申新的规模更大的“天元实业公司”。这份计期不仅规定了新公司的经营范围，而且对厂址的选择、工厂的管理制度、人才的培养、计划实施的步骤，都提出了明确的要求。

抗战胜利以后，他根据这个计划陆续采取了锐意进取的措施。他一方面积极恢复和扩充原有企业，把申新扩建为当时江苏省最大的一家棉纺织厂，把茂新一厂在废墟上重建起来，成为战后我国设备最先进的一家面粉厂。另一方面，他开始实施“天元实业公司”的创建计划。但是,他仅在无锡办了一个麻毛棉纺织厂，后又创设一个开源机器厂。由于国民党政府对民族工商业实行严厉管制和进行疯狂的榨取，荣德生抱怨指责："事事限制，不啻无形之桎梏；层层苛税，何异万民之锁链。"

与此同时，不幸遭遇更是相伴而来，1946 年 4 月的一天，荣德生突然被土匪绑架，成为当时震惊上海工商界的一起绑票事件。在社会舆论的压力下，国民党军警当局进行了侦缉"破案"，72 岁高龄的荣德生在睡意中度过了 34 天之后回到家中。在整个事件中，他先后被官、匪勒索去的"破案酬金"和"赎款"总计高达 60 多万美元。1948 年 8 月，国民党政府发行金圆券，实施限价政策，颁布《财政经济紧急处分令》，荣宗敬的大儿子荣鸿元，以违反法令的罪名，被军警当局扣押了 77 天之久，结果也被敲诈去约 50 万美元的钱财才得释放。

荣氏企业与所有民族企业一样，在限价劫掠中迅速瘫痪。荣德生的雄心壮志到此尽付东流，他对国民党政府失去了最后的信心。1948 年底，国民党反动派在溃败前夕，曾煽动并胁迫民族资本家迁厂逃资，荣德生虽然对共产党的政策不够了解，心中还有疑虑，但他不肯跟着国民党走。他一面秘密派人去苏北解放区联系，了解共产党对民族工商业的政策；一面极力阻止企业的迁逃活动。当得悉无锡申新三厂已经拆机装箱，正待运往台湾时，他立即从上海赶到无锡，严加申斥，命令将已拆下的机器马上重新装回，已运上船的，一律搬回厂中，并规劝大家切勿离厂远往他乡。后来，荣德生还决定，他所主持的各个企业中，凡已迁往香港、台湾、广州的物资，“应一律从早出售或搬回”。由于荣德生阻止迁厂逃资，做出了积极果断的努力，终于使企业极大部分的机器设备得到了完好的保存。从此，荣德生把振兴国家、发展民族工业的希望，完全寄托在中国共产党的身上。

1949 年 10 月 1 日，中华人民共和国宣告成立，中国人民从此站起来了，荣氏企业也得到了新生。

经过半个世纪的辛勤创业，荣氏兄弟为新中国留下了一大笔宝贵的社会财富。在中国的大地上，从沿海到内地，从西北到华中、华南，他们创建了不少工厂企业。新中国成立时，荣家各个系统的企业共拥有 64 万枚纱锭、4000 多台布机，相当于全国民族棉纺业设备总数的 1/5 左右；拥有日产面粉 8.8 万袋生产能力的粉磨设备，约占全国粉厂设备总数的 1/4；其他还有机器厂、电机厂、造纸厂、麻纺厂和丝厂等，总共达 40 多个企业。

荣氏兄弟除了创办一大批工厂企业外，还十分重视人才的培养。他们大力举办教育事业，不仅办小学、普通中学，还先后创建了公益工商中学、中国纺织染工业专科学校（后扩展更名为中国纺织染工程学院）。

新中国成立前夕，荣德生又在无锡创办了江南大学等。这些教育机构为荣氏企业培养了许多专业技术人才和管理人才，也向社会输送了一批有用的建设人才。此外，他还热心地方建设，在无锡家乡兴办社会公益事业，如创办了一所大公图书馆，藏书9万余卷；沿太湖开筑环湖风景线；创设“千桥会”；在江南水乡建造桥梁88座；还修筑了开原、通惠等公路。

荣氏兄弟在一生兴办实业的实践中，为发展中国的民族工业，还提出过许多颇有见地的观点。例如：强调多办工厂，急速实现国家工业化的观点；积极发展重工业的观点；振兴农业的观点；大力开发地方资源的观点；重视兴办教育事业、培养建设人才的观点。这些精辟的见解是中国民族企业家思想宝库中的一个重要组成部分。

新中国成立后，荣德生受到国家和人民的尊重与信赖。他被推选为中国人民政治协商会议第一届全国委员会委员、华东军政委员会委员和苏南人民行政公署副主任。他虽然年事已高、体弱多病，但仍积极为实现祖国的繁荣富强而忙碌着。1952年7月，荣德生躺在病床上留下了一份充满爱国主义激情的遗嘱。他说：“余从事于纺织、面粉、机器等工业垂60年，历经帝国主义、封建势力、官僚资本主义及反动统治的压迫，艰苦奋斗，幸中国共产党领导全国人民革命胜利，欣获解放。”他由衷地感到无限的欣慰，谆谆嘱咐海内外的子女，“要积极生产，关心国家建设，为祖国出力”。同年7月29日，荣德生与世长辞，终年78岁。

荣德生逝世后不久，分布于全国各地的荣氏企业，都先后申请公私合营，迈入了一个完全崭新的历史发展时期。荣宗敬、荣德生兄弟的儿女子孙及其亲属继承了他们的遗愿，在海内外的各自岗位上，继续发展着先辈的事业，为祖国的社会主义建设事业效力。

## 延伸阅读

### “中国的辛德勒”何凤山

何凤山（1901—1997），字久经，男，湖南益阳人。民国时期外交官。著有回忆录《外交生涯四十年》。

何凤山在第二次世界大战的时候正好担任中国驻维也纳总领事，他便尽自己所能为数千犹太人发放了签证，让他们安全到达了上海，使他们免遭纳粹的毒害。他的事迹到1999年才在“犹太人在上海”活动中被公之于众，这是一场由犹太人大屠杀问题教育中心和加拿大温哥华中华文化中心联合举办、上海犹太人研究中心协办的系列活动。以色列政府也在2001年、2007年分别授予何凤山“国际正义人士”和“荣誉公民”的封号，联合国在2005年赞赏他为“中国的辛德勒”。何凤山晚年一直在美国旧金山，1997年9月28日在此地逝世，享年96岁。

何凤山于1901年9月10日生于湖南益阳，幼时家境贫寒，7岁丧父，和母亲、妹妹相依为命。在挪威信义会的帮助下，进了该会所办的学校就读。19岁时考入美国耶鲁大学中国分校——长沙雅礼大学。1926年考入德国慕尼黑大学，1932年以优异成绩毕业，获政治经济学博士学位，能讲一口流利的德语和英语。

1935年，何凤山在国民党政府外交部谋得一份工作，从此开始了他的外交生涯。1937年，他被派往中国驻奥地利公使馆担任一等秘书。1938年3月，纳粹德国合并奥地利后，所有驻奥外国大使馆和公使馆均被撤除。何凤山奉命建立中国驻维也纳总领事馆。两个月后，他被任命为总领事。也就是在这个时候，纳粹开始了对犹太人的大肆迫害和血腥屠杀，这让居住在奥地利的犹太人异常恐慌。

奥地利因其得天独厚的地理位置，号称“欧洲的心脏”，首都维也纳则是“心脏的心脏”。13世纪末，随着哈布斯堡王朝的兴起，维也纳获得迅速发展。15世纪以后，这座城市成了神圣罗马帝国的首都和欧洲的经济中心。维也纳环境优美，景色诱人，享有“多瑙河的女神”之称，吸引了许多犹太人到奥地利定居。那时奥地利的犹太人人数在欧洲各国名列第三，而其中90%又居住在维也纳。所以，灾难来临时，奥地利的犹太人四处寻找逃出欧洲的途径，而唯一的出路就是得到一个前往欧洲以外国家的签证和船票。然而当时，世界大多数国家仍继续奉行限制移民政策。犹太人感到困难重重，孤立无援。

就在此时，何凤山向犹太人伸出了无私的援手。他不顾国民党政府的禁令，义无反顾地向犹太人发放前往中国的签证。拿到签证的犹太人兴奋地把签证称为“通往自由的车票”。

有不少犹太人在奥地利有很高的社会地位，但他们也逃脱不了被迫害的命运。由于何凤山是外交官，所以他与这些犹太人中的一些人保持着很好的私人关系。看到他们面临死亡的威胁时恐惧的神情，何凤山下定决心，只要犹太人提出申请，他就向他们发放前往中国的签证。那个时候,难民进入上海并不需要签证,问题是逃离奥地利却必须持有前往目的地国家的外交机构的签证。

17岁的犹太青年艾瑞克·歌德斯德堡在数月内奔走了50多个外国的领事馆，都失望而归。在走投无路的情况下，他来到中国领事馆申请签证。何凤山给艾瑞克一家签发了20份前往上海的签证。后来，艾瑞克与父亲都因持有这一签证才得以到达上海。“中国总领馆能够颁发签证”，这一消息悄悄地在犹太人中间不胫而走。人们看到，从早到晚，中国总领馆门前总排着一条申请签证的长龙。一名已被关进集中营的犹太人摩里斯·格罗斯费尔德，在妻子拿到全家去上海的签证后被释放，一家人平安来到上海，逃过了劫难。何凤山知道，有些人并不想去中国，但他们需要签证以便离开奥地利，他也照签不误。事实上，有许多手持赴中国签证的犹太人后来去了古巴、菲律宾、澳大利亚、南美和北美等地。

俗话说，没有不透风的墙。消息很快传到了当时中国派驻柏林的大使陈杰耳中。他给何凤山打来电话，严肃地发出警告：为了保持德国和中国之间的良好关系，必须立即停止向犹太人发放签证的行动！

何凤山面对此种压力，当时的心情可想而知，但他没有听从陈杰的命令。陈杰心生疑窦，派人到维也纳调查，看看何凤山发放签证如此固执，是否因为靠发放签证赚钱。然而，那名调查官员没有找到任何以权谋利的证据。

犹太人的处境越来越严峻，他们遭受非人的苦难，何凤山一直在坚持救助。他目睹了纳粹德国煽动的奥地利“碎玻璃之夜”计划：1938年11月9日和10日，这些罪恶的人两天之内毁坏200多座犹太教堂，抢劫7500家犹太商店，抓捕3万名犹太人，将他们集体关进了集中营。

11月10日，何凤山来到一户已获得他发放签证的人家，为他们送行。在那里，何凤山不巧碰上了德国秘密警察盖世太保。那户人家的男主人已被抓走，何凤山与盖世太保发生了争执，盖世太保竟然拔出手枪威胁他。后来，盖世太保获悉他是一名中国外交官，是他发放了有效签证，只好允许这家人踏上前往中国上海的行程。

1939年初，纳粹借口中国总领馆馆舍原来是犹太人的房产，予以没收。这样一来，何凤山就失去了办公的地方。他给外交部上呈报告，请求政府拨款寻址重建总领馆，但他的要求遭拒绝。当时的国民党政府声称，中国正在与日本开战，拿不出建馆资金。何凤山申请经费碰壁后，只好自己出钱租了一座小房子，权当总领馆，重新开张办公。

1940年5月，何凤山被调离维也纳。在他任内到底发放了多少签证，连他自己都说不清。根据现在掌握的资料，从1938年5月担任总领事，到这年10月，何凤山上任5个月就签发了1900个签证。此后，纳粹对犹太人的迫害进一步升级。到1939年9月战争爆发时，在奥地利登记的185246名犹太人中的70%已经移居国外，仅在上海的欧洲犹太人难民便多达 1.8 万人。

何凤山离开维也纳后移居美国纽约，在那里从事政治分析工作。之后，回到战时的重庆，投身抗日战争。1949 年，何凤山来到台湾。以后，台湾当局任命他为驻墨西哥、玻利维亚和哥伦比亚“大使”。1973 年，何凤山退休，在美国加州定居。

斗转星移，岁月流逝。20 世纪 80 年代，何凤山已 80 多岁了，他决定写一本书。1990 年，这本书正式问世，书名就叫《我的四十年外交生涯》。

何凤山是个非常谦虚的人，他对自己做过的事从不张扬，甚至连家人都一无所知。他那本书厚 290 页，可是仅有 10 页简单地记录了战时那段难忘的岁月。他在回忆录中写道：“自从奥地利被德国兼并后，恶魔希特勒对犹太人的迫害便变本加厉，奥地利犹太人的命运非常悲惨，迫害的事每天都在发生。……我采用一切可能的方式，全力帮助犹太人。大量犹太人因此得以活了下来。”他的女儿何曼礼说：“我父亲是一个典型的中国人，非常慷慨、大度，他认为帮助他人是很自然的。从人道主义观点出发，做这种事也是应该的。”

1997 年 9 月 28 日，何凤山溘然去世，享年 96 岁。中华人民共和国驻旧金山总领馆送去一个制作精美的花圈，表示悼唁，让何曼礼深为感动。

何凤山逝世后，何曼礼在报上登了一则讣告。讣告中提到，1938 年 11 月，何凤山曾挽救了他的犹太人朋友罗森博格一家人，使他们免受纳粹盖世太保的迫害。

就是这短短的一句话，引起了美国加利福尼亚的历史学教授、世界犹太人组织“生命签证”机构负责人埃里克·索尔的注意。这位历史学家已经编纂了一份义务救助犹太人的外交官花名册。经索尔教授的提名，何凤山被以色列相关部门列入“义士”候补名单。索尔教授从此亦开始从事一项辛苦的工作，着手从获得何凤山签证的人以及他们的后代那里搜集相关的证据，然后，将搜集到的材料交由一位以色列最高法院法官所主持的委员会来审核，确定何凤山的行动是否符合以色列规定的“国际义士”标准。以色列对“义士”的规定是非常严格的：必须是非犹太人，没有伤害过犹太人，冒着危险帮助犹太人，未曾收受金钱报酬。倘若是外交官，因其地位特殊，享有外交豁免权，所以帮助犹太人而遇到的危险相对而言要小些，但如果能确定他们的行为是违反其政府的训令以致可能危及他们的事业前途则符合标准。就何凤山而言，他的事迹需澄清的两点是，他是否遵照当时中国政府指示而采取行动，以及他究竟营救了多少人。还要搞清的一点是，究竟是何原因促使何凤山采取这种冒险的义举。

为此，以色列成立了专门的高级调查委员会。通过

3 年的调查，何凤山义救犹太人的感人事迹逐渐浮出水面，展现在人们眼前。首先，何凤山当时确实冒着生命危险营救了许多犹太人。调查资料表明，从 1938 年 5 月到 1940 年 5 月，何凤山出任驻维也纳总领事期间救助犹太人的确是一种高尚的个人行为，因为那时的国民党政府和德国的关系十分密切，并不希望何凤山因向犹太人发放签证而影响双边关系。其次，关于何凤山发放“生命签证”的确切数字,现在谁也搞不清楚。索尔教授认为，由于何凤山是奥地利所有出逃签证的主要来源，因此，他向犹太人发放签证的比例应该很高。第二次世界大战期间，像何凤山这样暗中帮助犹太人的无名英雄并不鲜见,其中外交官就有 20 ~ 25 人，但并非所有人都获得“义士”称号。欧洲历史学家认为，单就个人行为而言，何凤山救助的欧洲犹太人可能比其他任何人都多。

2000 年 10 月 23 日，以色列政府正式把何凤山评为“义士”，他的名字被铭刻在耶路撒冷犹太纪念馆的义士园里。需要指出的是，在何凤山之前，还有一位中国人获得“义士”称号，名叫潘均顺，他于 1941 年在乌克兰帮助过犹太人，并在 1989 年获得这一称号。潘均顺于 1974 年去世。

以色列大屠杀纪念馆位于耶路撒冷赫佐尔山。以色列政府为了纪念何凤山在“二战”期间对犹太人的救助，于2001年1月23日在这里举行了隆重的授予仪式,以色列政府授予“中国的辛德勒”何凤山博士“国际正义人士”的称号。

# 著名的爱国华侨领袖——陈嘉庚

陈嘉庚（1874—1961），福建省厦门市人，著名爱国华侨领袖、企业家、教育家、慈善家、社会活动家。陈嘉庚少年随父亲去新加坡经商获得成功。他支持辛亥革命，也支持中国抗战，同时反对汪精卫卖国投降，在新加坡创办《南洋商报》，其代表作品为《南侨回忆录》。

1913 年，陈嘉庚回家乡，在集美创办教育，先后创办了集美小学、集美中学、师范、水产、航海、商科、农林等校（统称集美学校）和厦门大学。

1949 年，陈嘉庚应毛泽东主席的邀请回国参加政协筹备会。陈嘉庚先生曾任中国人民政治协商会议全国委员会副

陈嘉庚

主席、全国人民代表大会常务委员会委员、中华全国归国华侨联合会主席等职。

## 1. 侨乡少年

1874 年 10 月 21 日，在福建同安县集美村陈嘉庚出生了。19 世纪后半叶的中国由于战火频繁，民不聊生，不少人远赴南洋讨生活，所以这里便成了著名的侨乡。

陈嘉庚出生在一个华侨世家。他出生时，父亲在新加坡经商，经营着米店和一家小厂，是母亲抚养他长大的。

在闽南一带，到处传播着许多民族英雄的故事。从明末清初的民族英雄郑成功到晚清时期虎门销烟的林则徐，陈嘉庚从小就对这些爱国英雄充满了敬仰。看到清政府的腐败无能，他更加渴望能够早日报效国家。

1890 年，17 岁的陈嘉庚离开故乡，离开慈母，去找远在南洋的父亲。这里一片繁华，但对他似乎没什么吸引力，每天他就老老实实在店里跟老伙计学管理，很快就成了父亲的左右手。

1898 年，母亲病逝，陈嘉庚立即赶回家乡葬母。离开前，他将自己管理的账务移交给他的族叔，当时他父亲已拥有丰厚的资产约 35 万元。可是，守孝 3 年后，陈嘉庚回到新加坡时，发现父亲的米店已经门庭冷落，负债已达30多万元。原来是父亲的妾所生的儿子趁陈嘉庚不在将资产尽情挥霍，导致负债累累，面临破产。

按照新加坡法律，儿子不必偿还父亲的债务，而且陈嘉庚又无一分资产，但是他不忍心看到父亲如此悲惨结局，还是选择替父亲承担债务，当时他还不到31岁。从此，陈嘉庚便独自开始了经商之旅。

## 2. 橡胶大王

独自创业本身就比较艰难，再加上陈嘉庚又没有多少资金，能干什么才最容易成功呢？经仔细考察，陈嘉庚惊喜地发现，菠萝罐头销路旺盛，且周期短，需要的资金不是很多，正符合自己现在的情况。于是，他决定建立一个菠萝罐头厂。

陈嘉庚选好地址后，向别的商人赊了制作菠萝罐头需要的糖枋等原材料，用借来的7000元作资本就开工了。4月份，菠萝一成熟，陈嘉庚就马上在“新利川”工厂投入生产，为了增强竞争力，陈嘉庚为自己的罐头命名“苏丹”，也就是“菠萝罐头之王”的意思。

在精心经营之下，陈嘉庚的罐头厂运行得井井有条，销售看涨，月底竟然获净利9000余元。不仅收回全部建厂投资，还有很大的经济效益，确实惊人。

陈嘉庚“初战告捷”，就以“新利川”为立足点，同时参与经营父亲与人合伙的企业月新菠萝厂，又开设了谦益米号，米店也兼售菠萝罐头。

生意越做越大，对菠萝的需求也不断上涨，陈嘉庚打算自己种菠萝。他在“新利川”附近选购了一块种植菠萝的空地，取名为“福山园”，后来这里成为当地最大的菠萝种植园。

任何事情并非总是一帆风顺。1906 年夏季，菠萝罐头行市大跌，陈嘉庚经营的菠萝罐头厂遭受重大打击，同时他也意识到仅靠单一产品经营是不能适应瞬息多变的市场的，他需要寻找新的项目。

机缘巧合，陈嘉庚了解到一个橡胶商人高价卖掉了橡胶园，他立刻抓住这个机会，向这个橡胶商购买了 18 万粒橡胶种子。而当时因为菠萝生意不景气，很多人纷纷脱手自己的菠萝园，陈嘉庚趁机购买了大片土地，成为以后种植橡胶之处。

到了 1913 年，陈嘉庚的菠萝产量在整个新加坡已经占了半数以上，位居业内首位。此时，他已经拥有两处橡胶园，4 个菠萝罐头厂，一家米厂，一间米店，成为一个坐拥固定资产和纯利润四五十万元的华侨企业家了。

然而危机再一次不期而至。1914 年秋，正值生产菠萝罐头的旺季，却爆发了世界大战，欧洲各国限制对菠萝罐头的进口，各洋行停止采办。没有了国外的销售渠道，一时间陈嘉庚的菠萝罐头厂积存着几万箱产品无法售出。不但如此，陈嘉庚的米业也遭遇了战争的打击，特别是许多商船在东印度洋上受到德国战舰攻击之后，本就紧张的航运几乎停顿。米厂的仓库里堆放着 1 万多包熟米，陈嘉庚很是犯愁。产品积压导致资金周转困难，无法清还工厂租金，而工人的生活费又绝不能拖欠。陈嘉庚感觉陷入了绝境。

1914 年冬天，陈嘉庚终于将全部的货品售完。他当机立断决定经营航运业，没有自己的船，他就租船运输，分别租下了“万通”和“万达”两艘轮船，运来需求量很大的熟米，再运输到印度销售。不久市场扩大，他又增设了 2 艘轮船，专门承接英国政府的货物。仅仅一年后，他就获得 20 多万元的利润。之后，他更是购得多艘轮船，但不亲自经营，而是租给法国政府，既省时又避免了风险，而且获利也很快。

1916 年的欧洲，各国之间相互争斗，美国经济趁机获得极大发展。而美国工业的发展刺激了橡胶制品的需求，带动了马来西亚橡胶业的发展，使其成为支柱性产业，产量居世界第一。而此前陈嘉庚的投资终于得到了回报，他被作为公认的“马来西亚橡胶王国四大功臣”之一载入史册。

此后两年，陈嘉庚将其他生意逐渐转到橡胶业上，先后将菠萝罐头厂和恒美熟米厂改为“谦益”橡胶厂，专制胶布，由此橡胶经营实现了从单一的农业垦殖到工业制造的飞跃。此后不久，陈嘉庚又设法和美国橡胶业协会搭上关系，把生意做到了美国，将“谦益”橡胶的大半产品直售美国。这样，他再次实现了飞跃：实现了将橡胶的农、工、贸经营集于一身，并且开创了在英国统治新加坡百年来不通过洋行而直接与外国商家进行贸易的先例。

第一次世界大战期间，陈嘉庚的生意不但没有经受失败，反而趁此机会依靠米、树胶、轮船航运和出售菠萝罐头厂积存的铁皮，获利430万元，从而跻身于新加坡（陈嘉庚后期活动主要在新加坡）富豪的行列，也成为著名的企业家、新加坡华侨大亨。

## 3. 创办教育

第一次世界大战过去之后，陈嘉庚意识到经营航运业存在太大的危险性和暂时性，于是放弃航运业，转而继续扩展自己的橡胶王国。

1919年，橡胶制品的广泛应用引得英国投资者到马来西亚抢占市场。一些有实力的华侨商家和小园主也都争相改办橡胶种植园或兴办小橡胶厂，竞争十分激烈。面对挑战，陈嘉庚调整自己，实现了第三个飞跃：首先扩大了“谦益”橡胶厂的规模，将粗加工的生胶厂改为深加工的橡胶熟品厂；然后从两年前投资50万元入股的3家橡胶公司抽身，转而组建陈嘉庚公司，将“谦益”以橡胶总公司的名义归其麾下。

1922年，资本主义自由竞争无度，引起市况萧条，橡胶行业变得不景气，连续3年遭遇下滑，很多小规模的胶园、胶厂不得不停产。而此时，陈嘉庚断定橡胶业是新兴产业，仍有发展潜力。在对马来西亚进行实地考察后，陈嘉庚当即买下了9家橡胶厂。

1924年，他扩大产品销路和原料来源，减少中间环节造成的损失，在马来西亚和印度尼西亚增设十多家橡胶分店，后又在其他地方设立分行、分店或办事机构。这一年英国政府为了抬高橡胶在国际市场上的价格，从中独占高额利润，在新加坡、马来西亚实行限制橡胶生产计划，第二年略有成效，再加上美国汽车工业生产迅速发展的影响，橡胶价格大幅上涨。在这一年，陈嘉庚的橡胶事业达到顶峰。

陈嘉庚从未忘记过自己的故乡——福建集美。他认为振兴工商业的目的就是在报国，而报国的关键在于教育，因而“立志一生所获的财利，概办教育”。1893年，19岁的陈嘉庚在家乡创办“惕齐学塾”，到1913年又创办集美小学。以后他与胞弟陈敬贤一起边集资边办学，规模不断扩大，先后创办了幼稚园、普通中小学、师范学校，还有航海、商业、农林等各类轻工业在内的集美学校和厦门大学；资助了闽南20个县市110多所学校。不仅如此，他还在侨居地新加坡倡办和赞助了爱同小学、道南小学、南侨中学、南侨师范水产航海等许多学校。他用于教育上的资金超过1亿美元，几乎为他的全部财产。他被人们亲切地称为“校主”。

有人说，陈嘉庚倾资办学无非就是提高自己的声誉，但事实却不是如此。他没有将它作为一种资本，相反为此做出了巨大的牺牲。

自1926年起，陈嘉庚为了能持续为集美学校和厦门大学提供经费，做了很多努力。在资金紧缺时代，他甚至贱价出卖了自己事业的基地——橡胶园。

1929年10月，爆发了资本主义世界经济危机。橡胶和锡是新加坡、马来西亚最大出口商品，美国是其最大买主。美国经济的不景气直接导致新、马橡胶和锡业的大萧条。在此困难下，陈嘉庚一直维持集美、厦门学校经费的提供，总额高达90万元。当时，陈嘉庚公司欠银行债款近400万元，公司资产仅200多万元，已然不够偿还债款。但他继续坚持，他认为自己不能也不应该放弃义务，学校办起来了，就得维持下去，一旦关了门，就恢复无望。而且因为关停，不仅耽误青少年的前途，对社会影响也不好，那罪过就大了。

1932 年，虽然陈嘉庚辛苦创办的企业走到末路，但是他从不后悔自己成功创办了这么多学校，尤其是集美学校和厦门大学。

1961 年 8 月 12 日，陈嘉庚先生于北京病逝。弥留之际，他仍然盼望台湾回归祖国，并嘱托“把集美学校办下去”，并将自己 300 万元人民币的遗产全数捐献给了国家。为了感谢陈嘉庚先生这么多年来为国家做出的不朽贡献，中华人民共和国给予其国葬的哀荣，灵柩运回集美，安葬在家乡，以告慰这个博爱无私的爱国华侨。

## 4. 坚决抗日

身处南洋的陈嘉庚时刻挂念着祖国，积极支持中国国内的革命运动。20 世纪初，他结识了孙中山，并于 1910 年加入同盟会，积极支持孙中山的革命活动。辛亥革命后，陈嘉庚担任福建“保安会”会长，积极筹款支援福建，稳定了当地局势。

对于文化事业，陈嘉庚同样热心支持。他支援了范长江、夏衍等人主办的“国际新闻社”和《华商报》等，对邹韬奋复办《大众生活》周刊也大力支持。

1928 的“济南惨案”发生后，南洋华侨积极声援，陈嘉庚作为“山东惨祸筹赈会”主席，全力救济灾民，抵制日货。1937 年，日本发动全面侵华战争，陈嘉庚在新加坡成立了南洋华侨筹赈祖国难民总会，他担任主席带头捐款，仅 1939 年这一年，他和南洋华侨就捐款 3.6 亿元，从 1937 年的卢沟桥事变开始计算，到 1942 年的太平洋战争，4 年时间里他们共捐出 15 亿元，为中国的抗日战争提供了极大的援助。1938 年 10 月，随着广州和武汉的沦陷，我国的交通系统陷入瘫痪，而滇缅公路成为军运的关键，由于路是刚修的，所以严重缺乏军运汽车、技术娴熟的司机、修理工。于是陈嘉庚的南侨总会在 1939 年 2 月发出《征募汽车修机、驶机人员回国服务》的第六号通告，开始在南洋招募司机和修理工，他不但号召华侨捐钱购买汽车、军需物资，还亲自演讲，呼吁青年朋友参加爱国斗争。白清泉等在新加坡首先报名，当即批准 30 名；廖国雄、赖玉光等在巴株、巴峇带头报名，当即批准 50 名。同年 2 月 18 日，由 80 名南洋侨机工组成的回国服务团在新加坡集中出发，南侨总会为他们举行了盛大的欢送会。陈嘉庚勉励大家："你们是代表千万华侨回国服务的，一定要坚持到底。"新加坡报纸出版欢送专刊，称赞首批回国机工为"八十先锋队"（贺春旎著：《陈嘉庚——华侨旗帜民族光辉》，福建人民出版社 2016 年版）。

陈嘉庚先生坚决抗日。针对汪精卫等人向日寇妥协投降的行为，陈嘉庚先生在国民参政会第二次大会上提出“敌未出国土前，言和即汉奸”的著名提案。电文提案经 5 次删改，原意被削弱，锋芒被砍掉了不少，尽管如此，仍然振奋了全国人民和广大海外侨胞的人心，对于当时重庆的主战派亦起着很大的鼓舞作用。

“敌未出国土前，言和即汉奸”是盛传的 11 字提案，与事实有出入。实际上，原文有 3 条，共计 100 多字。第二、三条提案被汪精卫一伙删去，并对第一条几经修改，想模糊提案的针对性，删改为“公务员不得谈和平案”。后经大会成员激烈讨论，最终定下的则是 19 个字，即“在日寇未退出我国土之前，公务员不得言和案”，成为国民参政会正式文献记录在案。这是陈嘉庚先生提出的震惊中外的坚决反对汉奸国贼、妥协分子投降卖国的著名提案，不妨特摘录原文如下：

议长、秘书（长）公鉴：

东电悉。庚因事未能赴会，甚歉。

兹有提案二宗，乞代征求参政员足数同意并提请公决。

一、日寇未退出我国土之前，凡公务员对任何人谈和平条件，概以汉奸国贼论。

二、大中学校在抗战期间，禁放暑假。

三、长衣马褂限期废除，以振我民族雄武精神。

陈嘉庚　叩首（10月26日）

1940年3月，率领南侨总会组织的“南洋华侨回国慰劳考察团”慰劳抗日前线的将士与后方的军民是陈嘉庚一生中的一大转折。从1927年到1940年回重庆之前，他是坚决拥护蒋介石的，称“蒋委员长乃中国国内外四万万七千万同胞共同拥戴之唯一领袖”，“蒋委员长的意志，即中国全国国民的意志”。并将抗战义捐款项全部汇交国民政府行政院。在访问了重庆与延安之后，陈嘉庚先生了解了中国抗战的真实情况，分清了是非，思想认识上产生巨大变化，断定“共产党必胜，国民党必败”。

访问延安是陈嘉庚先生政治生活的一个里程碑。这次来访延安很是不易，国民党不仅造谣破坏共产党的名声，还设置障碍阻碍他到延安。蒋介石捧他、拉拢他，并干扰他和中国共产党领导人接触。为了弄清国、共两党不和的真正原因，劝说国、共两党合作抗日，陈嘉庚于1940年5月31日抵达延安。他原定在延安停留3天，但其随行人员因车祸住院，陈嘉庚因此在延安多待了4天。6月8日清晨，陈嘉庚离开延安，前往山西战区慰问考察。

经过访问延安，陈嘉庚得出如下结论：一、共产党没有苛捐杂税，不像国统区捐税多如牛毛；二、领导人廉洁，干部和士兵差距很小，和国民党达官贵人的贪污腐败形成鲜明对照；三、根据地没有乞丐、妓女，不像国统区民不聊生；四、领导和老百姓平等相处，不像国民党等级森严；五、社会治安好；六、男女关系严肃；七、朴素成风；八、民主风气好。他以极乐观的态度向广大华侨宣传："中国的希望在延安。"

1949年5月，毛泽东邀请陈嘉庚回国参加中国人民政治协商会议筹备会议，陈嘉庚欣然前往。同年9月，陈嘉庚以华侨首席代表身份参加中国人民政治协商会议。10月1日，他在天安门城楼参加了中华人民共和国开国大典。

此后，陈嘉庚历任中央人民政府委员、中国人民政治协商会议第一届全国委员会常务委员、华东行政委员会副主席、中央华侨事务委员会委员、第一届全国人大常委会委员、中华全国归国华侨联合会主席、政协第三届全国委员会副主席等职务。

1961年8月12日，87岁高龄的陈嘉庚在北京病逝。后安葬于福建集美鳌园。

陈嘉庚不仅是著名的大实业家，更是现代中国杰出的华侨领袖。他致力于教育事业，将一生的财富都用于兴办学校的事业上。他创办的学校广布国内外，不仅在国内创办了规模宏大的集美学村和有名的厦门大学，创办和资助了近100所学校，而且在海外也创办和赞助了许多学校，培育了大批人才。因此，陈嘉庚被毛泽东赞誉为“华侨旗帜，民族光辉”。同时也被人们视为“华侨爱国爱乡热心教育事业的楷模”。

## 延伸阅读

### 民国时期的中缅文化交流

1911 年辛亥革命推翻了清朝的统治，到 1949 年中华人民共和国建立，整个民国期间中缅两国人民经历了反抗帝国主义，特别是经历了抗击日本法西斯的斗争。1942 年 1 月，日本法西斯分 3 路入侵缅甸，从此，缅甸人民开始了可歌可泣的反法西斯战争。在共同的抗日斗争中，中缅两国人民一起克服重重困难，修建了全长 1146 公里的滇缅公路。这条公路保障了盟军援华的军用物资源源不断地从仰光运到中国内地，有力地支援了中国人民的抗日救国斗争。1942 年 2 月 16 日，11 万中国远征军开赴缅甸战场，同缅甸人民一起作战，共同抗击日本法西斯。中国远征军进入缅境后，先后取得了“东瓜大捷”和“仁安羌大捷”，重创日军，所到之处，受到缅甸人民的热烈欢迎。1945 年 1 月，中国远征军离缅回国。在抗日战争中，缅甸领导人德钦昂山、德钦拉棉、德钦努、德钦梭、哥登佩、哥丁瑞等先后到中国，交流抗日经验，争取我国援助。中缅两国人民在抗日斗争中谱写了团结作战的辉煌篇章，为世界反法西斯斗争取得最后胜利做出了卓越的贡献。

这一时期，中缅两国也加强了文化团体的互访。1919 年 5 月 4 日，中国爆发了反对帝国主义和封建主义的五四运动。五四运动也是中华民族觉醒的文化运动，这一运动波及并影响了缅甸。

1919 年以前，缅甸没有一座华文学校。1919 年 11 月，受中国五四运动的影响，缅甸开始筹办华侨中学。我国教育家黄炎培、韩希琦亲自到缅甸考察教育，并介绍缅甸华侨到华侨中学用国语任教。华侨教师受五四运动影响，反对旧道德，反对旧礼教，提倡民主和科学。五四运动的革命思想开始在缅甸传播。1929 年，缅甸德钦巴当在其主编的《书苑》杂志上，连续刊登《孙中山——中国政界领袖》《中国的新政体》等文章，介绍中国革命情况。1936 年，埃德加·斯诺的《西行漫记》也传到缅甸。1937 年缅甸红龙书社将孙中山先生的《三民主义》翻译出版。中国五四运动以后产生的先进思想传入缅甸，对缅甸社会的发展起到了积极的作用。

1939 年 12 月 12 日，以仰光苗玛中学校长吴巴伦为团长、内务部长吴梅昂的女儿杜妙盛为副团长的 9

人缅甸亲善代表团访问中国。代表团成员德钦努回国后还撰写了一本名为《芬芳之邦》的游记，由缅甸红龙书社出版发行。1940 年 12 月 24 日，仰光市前市长、缅甸《太阳报》社社长吴巴格礼率领缅甸记者访问团到中国重庆、昆明、成都等地采访日本法西斯在中国的暴行。1940 年，仰光成立了缅中文化协会，由访问过中国的苗玛中学校长吴巴伦担任主席。中国也相应成立了中缅文化协会，由罗家伦担任主席。中缅两国文化协会的相继成立，标志着中缅两国文化关系进入一个新的发展阶段。1941 年，在缅中文化协会的主持下，作为中缅文化交流的一项活动，缅甸赠给中国 3 部珍贵的佛教经书《大藏经》(王介南、王全珍 :《中缅友好两千年》，德宏民族出版社 1996 年版)。1939 年 12 月 28 日，中国佛教代表团以太虚法师为团长经陆路到缅甸曼德勒、仰光进行访问，受到热烈欢迎。中国佛教代表团一行向仰光大金塔赠送舍利塔和银鼎各 1 座。1940 年，戴季陶率领中国文化协会代表团访问缅甸。1941 年 8 月 28 日，北京大学校长蒋梦麟率领中国代表团访问缅甸，受到缅中文化协会的热烈欢迎。

19 世纪以来，我国不少的文学作品被译成缅文介绍到缅甸。比如，1894 年，缅甸人貌基和一位华侨将《包公案》《聊斋志异》翻译成缅甸文，书名为《天朝之境》，由仰光德瓦茨印刷厂印刷出版，在缅甸发行。据统计，民国时期由缅甸德贡达亚、杜阿玛、曼丁、德钦妙丹等人翻译出版的中国文学作品不下 100 余部（篇）。其中包括鲁迅、蒋光慈、秦兆阳、刘白羽、赵树理等的作品。值得一提的是，民国时期，堪称“时代号角”的缅甸《星》杂志不断刊载具有新思想的文学作品，同时用大量篇幅介绍中国文学作品及文艺思想。毛泽东的《在延安文艺座谈会上的讲话》就被《星》杂志介绍给缅甸读者，在缅甸文艺界产生了巨大反响，对开展缅甸的新文学运动起到了指导和推动的作用。

# 实业救国的民族企业家——简氏兄弟

简氏兄弟，即简照南（1870—1923）和简玉阶（1877—1957）兄弟，籍贯为广东佛山澜石黎涌乡人。他俩同为爱国实业家，光绪三十二年（1906），简氏兄弟在香港创办了“南洋烟草公司”，生产“飞马”“双喜”“白鸽”等名牌香烟，备受欢迎。1909 年，公司更名为“南洋兄弟烟草公司”，而后在各地开设了数家分公司。1915 年特大洪水灾害，他在广州捐出巨资和数十万斤大米，救济灾民。1919 年，简氏在家乡出资兴办了“母训女学校”，随后又出资在石湾创办了“杏浓学校”，资助贫苦大众子弟入学。1918 年，公司总部迁址到上海。1923 年，简

简照南

照南在上海病逝，简玉阶接任南洋烟草公司总经理。新中国成立后，简玉阶当选第一、二届全国政协委员，后又被选为全国人民代表大会代表。

## 1. 企业的创立

简氏企业创办人简照南、简玉阶兄弟，因家境清贫，读书甚少。简照南 17 岁便到香港谋生，在其叔父铭石开设的巨隆号瓷器店学做生意。他聪颖好学，很快就精通业务。叔父赏识他“富于经商才干”，遂派他常驻日本，料理巨隆号业务。1893 年，18 岁的简玉阶也前往日本，在兄长的指导下，担任抄写电文和记账工作。1894 年，巨隆号因受中日战争影响而歇业。简氏兄弟在日本神户自立门户，办起经营瓷器兼布匹批发的东盛泰商号。随后又在香港开设怡兴泰号，由玉阶主持，贩运土洋杂货于日本、中国香港、暹罗（今泰国）之间；照南则来往管理于越南、缅甸的顺泰轮船公司的航运业。兄弟俩悉心经营，不辞辛劳，几年间便获利数万元，成为富商。简照南曾购置“广东丸”一艘，因当时中国人在国际上无地位，不能领得公海航行执照，便在日本注册。所以，1902 年 4 月简照南加入了日本籍，取名松本照南。不久，该船失事沉没，他也就放弃了航运业。

卷烟是 19 世纪末以来列强输入中国的主要商品之

一。1902 年英、美烟草公司在上海设厂。当时，国人也纷纷创办烟厂，如上海有三星、北京有大象、香港有朱广兰等商标问世，开国人自办烟厂的先声。当时，简照南“营商海外，身处异邦，受环境之刺激，爱国之心甚切，鉴于外货日益猖獗，每岁漏卮之失，为数不赀，非谋遏流开源，振兴国货之策，急起挽剂，则经济侵略，祖国之命脉系之”。他胸怀救国之抱负，应社会之需要，对于烟草一项悉心研究。后来商得叔父同意，他以负笈出外留学为名，前往英国伦敦，在一家大烟厂进行考察，并在烟厂做工 2 年，学习各项工种。

1904 年，美国限制华工入境，未几酿成了虐杀“马潘夏”事件，激起中国人民公愤，群起抵制美货。“不用美国货，不吸美国烟”，是当时的口号。人们改吸国产香烟,进一步促成简照南兄弟开办烟厂的计划。同时，简氏在旅日期间，认得川井烟厂一技师，他保证技术上可解决一切。于是简氏兄弟决心创办烟厂。他们在日本购得旧货蝴蝶式卷烟机 4 台，运回香港，筹备建厂。

建厂之初，资金上得越南华侨曾星湖之助，允在外代募外股（主要由香港南北行中几家商号筹得）；叔父简铭石是越南有名的杂货商，也帮助解决了一部分，共筹资金 10 万港元（每股 100 元）。1905 年广东南洋烟草公司成立，设厂于香港鹅颈桥，并向港英当局注册。

根据原始的股东名册整理，初期股东及投资数额，有如下表所示。

| 股东姓名 | 股东份额 | 资本额（港币） | 所占比重 |
|---|---|---|---|
| （一）简家投资 | 482 | 48200 | 48.2% |
| 1．简照南（包括潘杏浓） | 240 | 24000 | 24.0% |
| 2．简英甫 | 10 | 1000 | 1.0% |
| 3．怡记泰行 | 192 | 19200 | 19.2% |
| 4．简铭石 | 40 | 4000 | 4.0% |
| （二）简家以外的投资 | 518 | 51800 | 51.8% |
| 1．怡兴泰中其他人员 | 30 | 3000 | 3% |
| 2．南安简铭石朋友 8 人 | 62 | 6200 | 6.2% |
| 3．曾星湖及其友人 7 人 | 125 | 12500 | 12.5% |
| 4．梁登波及其友人 2 人 | 70 | 7000 | 7.0% |
| 5．杨辑五及其友人 2 人 | 54 | 5400 | 5.4% |
| 6．阮焕如及其友人 4 人 | 52 | 5200 | 5.2% |
| 7．王吉成及其友人 5 人 | 36 | 3600 | 3.6% |
| 8．其他散户 | 89 | 8900 | 8.9% |
| （三）合计 | 1000 | 100000 | 100.0% |

当时，天津有北洋烟草公司，经营颇为发达。简氏兄弟把公司称为“南洋”，意在与北洋公司分恃南北，并驾齐驱，同兴国货，外争利权。

初创时，原料由外国技师配制，生产方式是半机器半手工的。由于技术缺乏，配料不当，业务无法打开。后来改进品质，牌名“白鹤”，逐渐为“吸户”所欢迎。这招致英美烟草公司之大忌，借口南洋包装纸颜色与英、美出品相同，诬为影射。其借香港巡理府之力强行集中南洋香烟，在巡理府前焚毁。“南洋”业务大受打击，后又推出“飞马”“双喜”等牌子。1908 年初，双喜烟又同样受到英、美烟草公司打击。“南洋”营业遂致一蹶不振，前后开工仅 13 个月就负债 10 余万港元。简氏将其创办之怡兴泰号铺底资产抵填债务，不敷尚巨，遂于 1908 年 5 月宣告清理拍卖。

## 2. 经营状况的好转

南洋公司虽负债被迫拍卖，及拍卖时机器原物料等尚值 9 万港元，但无人愿出价承买。于是简照南乃规划改组，用简铭石名义，以 9 万港元拍入。经拍卖整理后，再订章程，重整旗鼓，东山再起，易名为“广东南洋兄弟烟草公司”。在香港注册为无限公司，资本总额定为 13 万港元。1909 年 2 月正式营业。

改组后的南洋公司，简家占有股份的 94.2%。在 13 万港元资金中，简照南兄弟（简家大房）股金 61250 元，占 47.1%；简孔昭（简家二房）61250 元，占 47.1%；杨辑五 7500 元，占 5.8%【张宏杰著：《中国百年证券史话》(三),《证券市场导报》1999年第40期】。

简照南兄弟对于“南洋”原先的亏损并不气馁。为了填还欠债，简玉阶跑到南洋一带经商，经营相当顺利。1910年赚了4万元，1911年获利2万元。

辛亥革命后，华侨爱国心大受鼓舞，国货畅销，仅爪哇一地，月销飞马烟1000箱。1912年获利4万港元，1913年获利增至10万港元，1914年为16万港元。业务发展迅速，有如旭日东升，扶摇直上。

1915年冬，公司总经理简照南向北洋政府农商部立案，注册资本为100万元。工厂规模日益扩大，制造工厂连同货仓面积共为10万平方英尺，卷烟女工有1000余人，司机及切烟男工200多人。计有卷烟机24架、切烟机12架及各种附属机器大小共60余架，日产烟100多箱。先后在新加坡、暹罗以及中国广州、天津、汉口、上海等地设立分局进行推销，并于1916年在上海设立卷烟厂。1916—1918年，每年盈利在100万港元以上。

正当南洋兄弟烟草公司这家新兴的民族企业抬起头来时，又遭到在中国设厂的英、美烟草公司的排挤和倾轧。为了加强与洋货的竞争，南洋公司重新向北洋政府注册，资本为500万港元，实收资本为270万港元（其中简氏家族占260万港元），并把企业中心由香港移至上海。当时英、美烟草公司曾企图吞并它，但由于条件没有议妥，未曾实现。简氏兄弟为了战胜这个凶恶的对手，也曾想与北洋政府争取合办，以便取得依附，也没有成功。但是客观形势逼着他们进一步扩大企业和增加资金，以与英、美烟草公司相抗衡。1919 年，“南洋”又一次实行改组，决定向社会招股，扩大资本额为 1500 万港元，分 75 万股，每股 20 港元。上海方面募得 30 万股，香港方面募得 35 万股。其中旧公司占有新公司股份的 1/2，其余为新增加股。当时投资附股者颇为踊跃，海内外许多知名人士都投了资，共计股东 15500 余户。不过简氏家族仍以最大股东地位控制了企业（其中简照南、简孔昭、简玉阶、简英甫、简稚川等人有 454545 股，占全部股份比重的 60.6%）。创办人简照南被举为公司永远总经理，简玉阶任协理。于 1919 年 11 月呈奉农商部核准注册。

自 1919 年公司改组以来，在提倡国货和历次抵制洋货运动的推动下，不断排除英、美烟草公司各种竞争手段的压力和企图吞并的阴谋，公司规模迅速得到扩大。先后在香港、上海、汉口等地添设分厂或增置设备，并开办锡纸厂、印刷厂、造纸厂和制罐厂；在河南许昌、安徽凤阳以及山东潍坊等烟叶产地设厂收烟。全国各大城市如汉口、济南、南京、广州、杭州、天津、福州、厦门、汕头等地及东南亚各地，几乎都有他们的销售和代售机构。全盛时期职工达 1 万余人。

1920—1927 年，年产烟草价值在 2500 万～3600 万元，事业蒸蒸日上，是为南洋公司的鼎盛时期。

1923 年 10 月 28 日，简照南病逝，年仅 53 岁。逝世前一年，他在上海发起创办东亚银行，担任董事。因他在实业界颇有声望，曾先后担任广东实业团副团长、上海总商会会董和上海华侨联合会董事等职。

简照南病逝后，由简玉阶继任公司总经理。他一方面致力于公司的发展，另一方面搞多种经营，兼任康元五彩花铁印刷制罐厂、联合影业股份公司以及中国油灯公司等企业的董事。

1923 年因各省新增纸烟特税以及军阀混战，沪宁、沪杭、京张、京汉、津浦、陇海各路交通阻塞，市面萧条，百业凋敝，公司营业额急剧下降，由 1923 年营业额 3100 万元下降至 1924 年的 2500 万元，出现了新公司成立后的第一次萧条。1925 年国内掀起了新的反帝爱国运动，不仅抵制日货，还抵制英货，南洋公司香烟销售量突增，年营业额又达 3600 万元，再度出现供不应求局面。当时，英、美烟厂的熟练工人参加罢工，纷纷转到南洋烟厂做工。简玉阶乘此机会增设汉口、上海浦东两个厂，是年盈利达 200 万元。

从 1927 年起，公司的盈利开始下降。一方面，由于与中外卷烟业竞争加剧，税捐逐年加重；另一方面，公司的内部管理因逐年发展，利令智昏，逐步走向腐败。特别是由于国民党政府实行投靠帝国主义的政策，不但不保护民族资本，反而在税收政策上加重民族资本企业的税收，使中外企业在税捐负担方面不平等，南洋公司在与英、美烟草公司的市场竞争中居于不利地位。因此，公司从历年盈余的局面逐步走上了亏损。1928—1930 年 3 年共亏损 575 万港元，使公司面临倒闭危险。1929 年 4 月，公司被迫向汇丰银行借款，并停办浦东分厂。1930 年 1 月，简玉阶停止上海总厂生产，并缩小各分厂营业范围，勉强度日。同时，又于 1931 年把资本额从港币 1500 万元减资为 1125 万元，但这些措施并没有挽救公司的厄运。

### 3. 与洋商的抗争

20 世纪初以来，帝国主义列强在华的最大卷烟企业是英、美烟草公司，当时一些民族卷烟工业的发展始终笼罩在英、美烟草公司庞大的阴影之下。连曾获得过“太子少保”头衔、“精通洋务，深悉商情”（张之洞语）的盛宣怀，也败在英、美烟草公司之手下。盛宣怀在上海创办的三星烟厂曾一度要同英、美烟商“讲求比赛”，推出罗汉牌来对付英、美烟草公司的老刀牌（强盗牌）。结果，盛宣怀的三星烟厂“为英、美烟草公司跌价倾轧，尽致亏损”。盛宣怀尚且如此，与他同时期的“华商大小二十余厂无不亏累停止”，就不足为奇了（参见杨国安著：《烟云漫录》，《中国烟草》1986 年第 5 期）。“南洋”在英、美烟草公司的攻势下，成了寥寥可数的幸存者。这期间，它是经过了一番抗争的。

1914 年“南洋”业务扩展极快，英、美烟草公司觉其已是心腹大患，必须设法及早消灭。他们派其买办邬挺生做说客，与“南洋”谈判收买企业。当时“南洋”资金约 50 万元，英、美烟草公司却欲以 100 万元的倍价收买。简氏兄弟要价 300 万元，并提出“自行支配这笔资金，任何人不得过问”。结果，收买未成。1917 年 2 月，英、美烟草公司又派欧彬、陈炳谦等说客上门，再度要求合并，简玉阶坚决不同意。他认为，如果合并，英、美烟草公司占 60% 股份，“实际上授他以柄，大权悉由彼操”，“名为合并，实则无异于战败国之屈降”。他指出：“我营业之增进，多借国货二字为号召。故得社会人心之助力，致有今日。盖吾国实力业之几微，今日稍能与外人竞争，为全国人注目者，以本公司为最；若一旦屈降外人，纵不为社会唾骂，亦令提倡国货者灰心。而我公司营业必从此失败矣。”主张“合政府与国人之力，与之对抗”。结果谈判中断，“南洋”没有被英、美烟草公司所吞并。

英、美烟草公司对吞并南洋企业不成并不罢休，又依恃雄厚的实力用削价竞销、增出新牌等方法展开激烈竞争，企图在营业方面挤垮南洋公司。他们还联络各地报界，操纵舆论，大做广告，并以赠送彩票、随送礼品等方式来吸引顾客。后来又采用控制代销商号的办法，对那些兼营南洋公司香烟的商号进行恐吓、打击，取消其分号代理，或威迫利诱，以阻塞南洋公司的销路。正如简照南之子简日林所回忆的，“许多年来……帝国主义挟着雄厚的资金，曾经把我们销售在市场上的香烟全部收买了去，藏起来。等到霉坏了，再大量抛到市场上去。他们甚至一直收买到了在印度尼西亚（雅加达）的仓库管理人员，使他们把烟搁置到发霉再卖出去”，以此来破坏南洋公司的信誉。更有甚者，英、美烟草公司还以简照南曾入日本籍为由，造谣说“南洋”的香烟是“日货”，南洋企业是日本资本等。为了对付这个突然打击，简照南遂于1919年5月前往日本办理脱离日本国籍的手续，回国后立即发表声明，恢复中国籍。英、美烟草公司就是用这些卑鄙手段，企图挤垮南洋公司。

面临着英、美烟草公司的胁迫和破坏，“南洋”凭着广大爱国人民的支持，以使用国货为号召，与之展开针锋相对的斗争，使业务得以蓬勃发展。“南洋”为了取得社会舆论的支持，曾在其产品“飞马”烟盒上印上“振兴国货”字样，送往北京国货展览会陈列，并把产品分送各界，扩大影响。同时，“南洋”还集中货源，向国内僻远地区和东南亚各地扩大市场，采取薄利多销，实行削减售价，津贴运费，加厚代销利益等措施，以增强竞争能力；还大量印刷具有中国民族特色的画片作为赠品，随烟奉送。公司为了推销产品，还常常采取“办公益”、水灾救济和捐资兴学、保送留学生等办法，扩大“南洋”在社会上的影响，以争取市场。

所有这些，都收到良好效果，使销售量不断上升。

总之，从1905年南洋公司成立之日起到1936年被官僚资本控制之日止，“南洋”与帝国主义英、美烟草公司的市场竞争及吞并企图的斗争，一直持续30多年。由于简氏兄弟胸怀民族大义，以国货为号召，才能迅速积累资本，并在不利的条件下取得了斗争的胜利。在英、美烟草公司的利诱、威胁下，没有妥协，保存了企业的存在和发展。

## 4. 官僚资本的控制

1937年全国抗战爆发前夕，由于企业管理的腐败和简氏家族内部矛盾的扩大，企业走上了下坡路，并濒临奄奄一息的境地。

1923年简照南逝世后，简氏亲族戚属人数甚多，当其业务发展时皆罗致于公司内，有些人还居于要职。但一些纨绔子弟根本不懂得经营管理，在业务兴盛之时，并没有通盘策划，以图将来的发展。1936年，公司曾派简日华（简照南长子）到美国订购烟叶，他一下子就签订了一张2000万美元的合同，相当于当时整个南洋企业的资产。烟叶源源运来，仓库堆满，香烟市场却有限，结果资金周转不灵，以致借入巨额债务而受债权人扼制。

当时，“南洋”机构庞大，贪污舞弊的现象也极为严重。特别是简氏家族和部分当权者各怀私心，用公司的款项从事投资，盈余了算是自己的，亏损了则归之公司。有的且专门开设附属企业，供应公司用品以牟取暴利。如公司负责人之一简英甫（简照南弟）、香港公司的主要负责人陈廉伯都曾被揭出大规模舞弊事件。

同时，南洋企业本身又存在浓厚的封建性。简氏家族内部争权夺利也日益白热化，使当时企业的负责人简玉阶非常痛苦，心灰意冷，对维持南洋企业失去信心，整天想要出家当和尚去。

到了全面抗战前一年（1936），当公司财务周转不灵时，宋子文官僚资本乘虚而入。简氏家族终以半推半就的姿态迎接了宋子文官僚资本的合作，实际上是宋子文集团通过低价收买简氏家族股票及迫签合同等方式，取得了企业的半数股权。至 1937 年 4 月，公司改组，宋子文取得了南洋烟草公司董事长的职位，并以其亲信程叔度（原任财政部卷烟统税处处长）为总经理，原总经理简玉阶被安排为徒具虚名的董事和设计委员。此后，企业实权一直为官僚资本所把持。

宋子文集团渗入公司不到 4 个月，抗战爆发了。“八·一三”抗战时，上海总厂被日军所毁，公司业务中心则转移至香港、重庆，并建立了重庆烟厂。抗日战争期间，“南洋”在国内外各地蒙受的财产和货物损失，据公司档案资料记载，约为 1000 万元之巨。

抗战胜利后，公司曾两次调整资本。第一次是在 1946 年 6 月，以 1941—1945 年股利抵充增加资本。该公司自 1932 年减资后，资本额为 1125 万元，分为 75 万股，每股 15 元，在抗战期间并未增资。1946 年 6 月，经股东临时会决议，增加资本 4500 万元，分为 300 万股，每股仍为 15 元，一次收足，连同原款共为 375 万股，资本总额达 5625 万元。此次增资以盈余分派应发与各股东之股利全部如数抵充，简言之，即以每股股利易成 4 股，连同原来共为 5 股。第二次增资是在 1947 年 12 月，将资本增额为法币 90 亿元，分 9 亿股，除原有资本 5625 万元外，计增加 894375 万元。其中由固定资产增值转充股款计 669375 万元，现金增资计 225000

万元，由股东按照原有比例认缴，并同时将每股金额改为 10 元。

从 1937 年开始至 1949 年新中国成立前的 12 年间，公司基本上和所有官僚资本企业一样，已经很少有民族资本的味道，在官僚资本集团的控制下，进行投机倒把，套购外汇，囤积原料，搜刮资财。抗战胜利以后，公司假借宋子文集团的政治力量，以少数代价取得大量敌遗物资，接夺机器设备，与英、美烟草公司在分配原料与销售上进行分赃合作。在经营管理方面则更趋腐败，任用私党互相倾轧，生产减缩，抽调生产资金从事套购外汇和房地产投机，以及公开侵吞企业资财（1949 年 4 月宋子文在香港一次性劫去公司公款 20 万美元），等等，简直将南洋企业弄得面目全非。曾任"南洋"总经理的简日林在《国家资本主义使企业获得了新生》一文中，概括回忆了当时公司的情景。他说："众所周知，官僚资本的经营方式是为了投机而不是为了生产，它的目的是安插私人，饱填私囊，而不是搞好企业。所以这些年来，工厂就未曾好好地生产过……'南洋'实际上已成为破落的局面，业务衰退，设备残旧，机构臃肿，流动资金减少，这时不但无力与外商抗衡，即在同业中也是徒有虚名。"这就是新中国成立前夕南洋兄弟烟草公司的真实写照。

## 5. 企业的新生

1949 年 5 月上海解放。南洋兄弟烟草公司开始进入新的发展阶段。“南洋”同所有民族资本企业一样，在共产党对民族资本企业的利用、限制、改造的政策指引下，发挥了它的作用。1949 年 6 月，因公司股份资本官私不清，在上海、重庆、汉口、广州等地分厂先后实行军事管制。1951 年 2 月，公司实行公私合营，简玉阶任合营后的副董事长，简照南之子简日林被聘为总经理。1951 年 6 月，在董事会领导下，组织资财清点小组，核定资本为 848 万元。

“南洋”于 1951 年公私合营以后，通过各种改革，完全改变了面貌。由于企业性质的改变，工人阶级成为企业的主人，发挥了职工的积极性，生产得到了发展，产量和盈利大幅度地增长。仅 1950—1956 年产量就提高了 2.6 倍，盈利自 1950—1957 年则增长了 10 倍，这是在旧中国民族资本企业不能想象的。简日林说得好，“‘南洋’自合营以后，生产上呈现了一片蓬勃气象，公私关系和劳资关系日臻正常，企业的利润得到合理分配，私股代表有职有权参加企业管理……”从而使资本家在实际中认识了“国家资本主义是民族资产阶级的光明大道”。当然，在这个改造过程中，公私之间、劳资之间不是没有矛盾的。由于贯彻了“公私兼顾、劳资两利”的方针与对私方人员又团结又斗争的政策，使企业顺利地进行了改造。同时结合企业的改造，也改造了工商业者。

综观简氏兄弟一生，他们从“实业救国”“挽回利权”的思想出发,冲破外国烟草企业对中国市场的垄断，创办公司，振兴民族卷烟工业，培养卷烟人才，做出了有益贡献。

简氏兄弟原是从事商业的华侨，1905 年在香港创立南洋烟草公司，后来将这家公司由香港移至上海。应当肯定，他们把商业资本转向工业投资，除了是一种对利润的追求外，比起商业资本家来，是具有更大的事业心的。虽然他们经营工业同样是为了利润，同样剥削工人，但在帝国主义经济侵略中国的情况下，在洋货倾销半殖民地半封建的中国的情况下，南洋烟草公司的创办、存在和发展，促进了中国民族卷烟业的发展，从帝国主义的手中夺回了一部分市场，挽回了一部分利权，也保存了一部分财富，最后成为人民的财产。

南洋企业接受公私合营后，创办人简玉阶在一篇文章中写道 :“在这欣欣向荣的社会里，在我们祖国日益富强的日子里，我感到喜悦和安慰。我的子女俱已长成，都在工作岗位上愉快地工作着。我万分高兴地看到……封建主义和万恶的反动政府被打倒了。帝国主义耀武扬威的日子一去不复返了，全国人民坚强地团结在一起，还有什么可以阻止我们向幸福的社会主义迈进呢？”

## 延伸阅读

### 世界著名的“猪鬃大王”古耕虞

古耕虞（1905—2000），祖籍为广东，出生于重庆山货业世家。21岁便接管了父亲经营的“古青记”山货字号，通过两年的努力便“拥有重庆山货业天下之半”，用8年的时间便垄断了四川猪鬃出口业，使其“虎牌”猪鬃强势登陆欧美市场。抗战期间，猪鬃的收购、出口本该由指定的官办的川畜公司经营，但是国际市场只认“古青记”虎牌猪鬃，所以仍任其为总经理，并拥有该公司的大部分股份。抗战期间，古耕虞为大局着想，接受了国民党政府贸易委员会下的复兴公司与官办机构富华公司的统购统销。自20世纪30年代起，古耕虞掌管的四川畜产股份有限公司的虎牌猪鬃出口量占全国猪鬃出口总量的85%以上，几乎垄断了世界猪鬃市场，古耕虞是名副其实的“猪鬃大王”。新中国成立后，为突破西方经济封锁使我国猪鬃顺利出口，古耕虞做了很大努力。他曾历任全国人大常委会委员及其财经委副主任等职。代表作品有《论国际贸易和经济建设》。

猪鬃主要用于制刷，是我国传统的重要出口物资。它是战时十分重要的军需物资，油漆飞机、军舰及各种军车，清刷大炮的炮筒等，都离不开它。

“竞争是我最重要的一课。”这是古耕虞对自己一生经商生涯的准确概括。从20岁开始经商，历经半个多世纪，他一直在竞争中生存着，且常是最后的大赢家。因而，有人很形象地称他为“市场竞争的一位极富戏剧性的老手”。

信誉、质量、信息是他能够在竞争中获胜的三大法宝。因此，他十分注重用人，更时刻亲自注视着市场及一切影响市场诸因素的动向与变化。他运用独到新颖的竞争手段与竞争原则真可谓别具一格，十分瞩目。

1925年，北伐战争正在准备中，这给中国方面，包括商业在内的各行各业都带来了影响。古耕虞恰在这一年接手了父亲的公司，担起独立经营的担子，也是在此时他遭遇了一场规模不大不小的、来自旧势力的商业战争。他却凭借此战崭露头角。

古耕虞祖上三代都经营山货生意。最早发迹的不是古耕虞早逝的祖父，而是其叔祖父古绥之。古绥之在重庆开办了“正顺德”字号,经营山货并增设了“同茂”字号。而其祖父则是靠着手工织布作坊起家的，就是个小业主。早逝的祖父赚的财产本就没有多少，只能维持生计。

古耕虞的父亲古槐青是一个读过书、有学识、擅于接受新鲜事物的人。在第一次世界大战时期，古槐青用不多的家底和自己几年的积蓄在上海办起了纱号。由于结交了上海的纱界巨贾，自己又擅于经营，便很快发达了起来。手中有了一些资本，便在重庆委托他人创办了一个规模不大的山货行。

1923 年，古耕虞被父亲送进了大实业家张謇创办的南通学院，学习纺织学。可是，入学后不久，古耕虞的父亲古槐青就得了病，经多方治疗也无济于事，到了 1925 年，病情加重。于是，古槐青等不及儿子毕业就将其召回，接手他的事业，并改字号为“古青记”。

古耕虞接手时的“古青记”规模不大,只有 3 个职工，4 个徒弟。这种规模的小字号，在重庆比比皆是。初出茅庐的他第一战就遇到了实力强大的对手。

古耕虞虽然年纪小但志向很大。一踏进商界，就立下了在同行争做第一的野心。古耕虞一接管“古青记”，他便倾注全部精力进行改善与扩展。原本只是经营猪鬃生意，他一上任立刻看准一个机会：当年的羊皮从各种迹象看，国外市场的价格必然看涨，他决定大量收购羊皮，这可惹怒了重庆羊皮经营老大的“裕厚长”。

“裕厚长”家是经营羊皮的一家老字号了，其经营历史久，实力雄厚，数年来都稳居重庆同业的老大，而且已经惯于此位，怎能容忍一个毛头小子在他的羊皮生意上分一杯羹？这使他十分气恼。

于是，在羊皮登市前夕，一个针对古耕虞的精心炮制的谣言在重庆纷纷谣传：古槐青家在上海华商纱布交易的投机中惨遭失败，破产也是肯定的，其在重庆的“古青记”势必会被株连。谣言的目的就是要让羊皮货主相信：“古青记”没钱了，自然交不出货款。此时的古耕虞面临十分严峻的境况。

古耕虞当即决定从上海迅速电汇来10万两银子，后来又陆续汇来一二十万两，及时存入重庆的各大钱庄，然后有意让与他往来的复兴钱庄检查他的总账，以此证明“古青记”有家底，有能力支付货款。这一下谣言不攻自破，而且还提高了他的信誉。

几经商战之后，古耕虞经营的山货商号不仅在重庆及四川省内，而且在全国、国际上都打出了名号。这之后，古耕虞一跃千里，冲破障碍，创下出口奇迹，并很快在国外市场站稳脚跟，几乎垄断了猪鬃出口的主要市场。他的成功证明他确有经商的才智与本领。

以前，四川的猪鬃等皮毛出口需要通过上海的英国中间商代理，而美国是中国猪鬃最大的需求国。1927年左右，两个美国商人代表美国最大的猪鬃进口商贸公司到重庆见古耕虞。古耕虞用流利的英语与他们交流，其练达的外贸知识，严格的猪鬃收购和加工流程，迅速征服了这两个美国人。他们和古耕虞达成了秘密协议：一小部分猪鬃交给在上海的英商，一大部分直接出口到美国。早就想摆脱英商控制的古耕虞直接把猪鬃出口美国,还在美国成立了自己的子公司,称为“海洋公司”。由此，古耕虞得以垄断美国从中国进口猪鬃的生意。

古耕虞对军阀保持中立的态度，既不得罪，也不亲近。他接管“古青记”后，仍是军阀割据的混战时期。割据一方的军阀在防区内也做起了猪鬃生意，但是却丝毫不懂经营之道。古耕虞就趁“机”帮忙。军阀收齐了猪鬃，不看行情市价就贸然出手，甚至是在最低价的年初也随意出手。古耕虞就告诉他们，此时出手必定卖不出好价钱，不如等下半年看涨时全卖给他，如果缺钱用，可以用猪鬃做抵押向他借款，军阀十分乐意。于是，各个“防区”内的猪鬃便源源不断运进了“古青记”，上半年已加工脱手，付给军阀的本利只是市场购价，利润全部落入古耕虞的腰包。这样，他不花一分钱，大批猪鬃就为自己所用了。

为了抗战大局，古耕虞做出了巨大的牺牲。对于抗战时期的中国来说，猪鬃出口不仅是中国战时外汇收入的重要来源，而且还是用于抵偿苏联和英、美等国援华贷款或易货的物资。抗战初期，中国沿海港口相继沦陷，海上运输不通，古耕虞另想办法，率先利用公路试运猪鬃到越南，通过东南亚顺利转运到美国市场。

等到了抗战后期，中国内地对外的陆路交通包括滇缅公路相继断绝。古耕虞又通过中印航线将虎牌猪鬃运往美国，换来宝贵的外汇，支撑起中国抗战的财政命脉，也支持了反法西斯盟军的作战。

抗战胜利后，古耕虞将在四川的业务推向了全国，从而垄断全国的猪鬃进出口业务，古耕虞成了名副其实的“猪鬃大王”。新中国成立后，古耕虞及其公司为突破西方经济封锁，顺利实现我国猪鬃产品的出口，作出了巨大的贡献。

1979 年 1 月，时任全国政协主席邓小平邀请民建、工商联的胡厥文、胡子昂、荣毅仁、周叔韬、古耕虞 5 位人士座谈有关国际贸易与发挥工商界作用问题。古耕虞在会上做了积极发言。

在谈到调动积极性的问题时，他说：“当时所谓心有余悸，实在不是余悸，而是十足地悸。干部和工商业者，即使住在一条胡同时，上下班见面，双方都绕着走；学徒工知道某人有本事，想向他学点什么，也只敢背后叫师傅，当面必须直呼其名，否则就没有和资本家划清界限。在这种情况下，工商业者即使十分愿意为社会主义现代化建设服务，也没有条件。这等于头上顶着一块磨盘走路，想走是走不快的！”

古耕虞所提的意见受到邓小平的重视，邓小平对此提出了具体方案，肯定了资本家在新中国成立以来的积极作用，并鼓励古耕虞以后多为开放后的进出口贸易出谋划策。古耕虞为此做了不少工作，或写文章，或通过书面、口头方式向有关部门提出许多宝贵见解与建议，尤其是国际贸易方面的建议十分重要。

新中国成立后的几十年间，古耕虞历任全国人大常委会委员，人大财经委副主任，全国工商联副主席，中华人民共和国对外经贸部顾问等职。古耕虞虽然年纪大了，他认为自己还应该为国家作出贡献。1981 年，年过七旬的他还提出发展长江航运的建议，主张开放长江。1992 年 4 月，年过 80 的他还给国家领导人写了《认清国际有利形势，进一步深化改革开放》的建议，他的建议得到了党和国家领导人的高度重视。2000 年 5 月 17 日，古耕虞在北京逝世，终年 95 岁。

古耕虞的经历是独特的，经验是宝贵的，他传奇的一生十分值得我们学习借鉴。

# “万金油大王”和“报业巨子”——胡文虎

胡文虎（1882—1954），祖籍福建永定县下洋镇中川村，出生于缅甸仰光。南洋著名华侨商人、报业家和慈善家，被称为“南洋华侨传奇人物”。父亲胡子钦是侨居缅甸的中医，胡文虎子承父业，从经营仰光的一家中药店开始，后在制药方面崭露头角，凭借“虎标”万金油等成药致富，号称“万金油大王”，是崛起于海外的亿万富翁。后来，他独资创办了十多家中、英文报纸，获封“报业巨子”的称号。发家后，他热心于兴办慈善事业和赞助文化教育事业，因而也是有名的慈善家。在中华民族生死存亡的时刻，他为抗日战争捐赠1000余

胡文虎

万元的财物，是全国之最。

## 1. 崛起海外的富翁

胡文虎兄弟 3 人，排行老二，长兄文龙早年夭折，幼弟名文豹。1892 年，10 岁的胡文虎被送回福建永定上学，接受客家文化的传统教育。4 年后，胡文虎重返仰光，随父学习中医，并助父亲料理药铺店务。1908 年，其父病逝，胡氏兄弟继承父业，两人同心协力经营中药铺，业务也一天天好起来。

为了开展业务，胡文虎到中国各地游历，后来又去了暹罗（今泰国）、日本等地。他实地考察当地的药业发展状况，虚心求教老医生和民间名医，寻找针对头痛、腹痛的草药，还买了许多西药。回到香港后，他扩充永安堂虎豹行，然后聘请中、西医，让他们根据自己的经历和考察到的知识进行研究、实验，最终他们研制出来丹、丸、膏、散等上百种药，对这些药品谨慎研究后，他们推出了“八卦丹”“万金油”“清快水”“头痛粉”“止痛散”5 种“虎标”良药。在世界经济恐慌的当时，“虎标”成药以其物美价廉、功效显著、携带方便的优点迅速博得广大用户的欢迎。很快，“虎标”良药远销缅甸、印度尼西亚、马来西亚等国家。

1914 年，仰光的业务已基本稳固，胡文虎又看准了新加坡，留其弟主持仰光业务，他则独自一人在新加坡兴建新药厂，并将永安堂总行迁至新加坡，先后在新加坡、马来西亚、中国香港各地广设分行。1932年，他在厦门、福州、上海、天津、桂林、梧州等城市及中国澳门、中国台湾、菲律宾、越南、荷属东印度（今印度尼西亚）等地设立分行。从此，“虎标”万金油等药成了中国和东南亚各地人们居家的必备品，胡氏兄弟也成为东南亚华侨中著名的“百万富翁”和独一无二的“药业大王”。

胡文虎凭借“虎标”良药获得巨额利润，他们以此为资本又投资其他行业，其中包括星系报业。胡文虎从“药业大王”到“报业巨子”，这是多么富有传奇色彩的飞跃。从1913年至1952年，他办了10多家报纸，均以“星”字冠头，就是他的星系报业。星系报业在华侨报业史上以规模最大、数量最多，占得华侨之最。从1913年起，胡文虎先后与人合办了《仰中光日报》《晨报》等，在新加坡，中国的厦门、香港、福州、上海，以及马来西亚、缅甸、印度、泰国等地，独资创办了《星洲日报》《星光日报》《星中晚报》《星华日报》《星岛日报》《星岛晚报》《星岛周报》《星槟日报》《星仰日报》《星巴日报》《星闽日报》《星沪日报》《虎报》《星暹日报》。建立起华侨界独一无二的报业王国。胡文虎以商业立场办报，为民众做喉舌，直接服务于社会。

正如他自己所说："不以营利为目的，专以服务为前提，宣传抗日救国，坚民众之信念。"他创办的10多家报纸，对激励人们团结一致，促进抗日救国事业，推动桑梓建设，振奋民族精神具有重大的影响。1935年初，第三家报纸《星光日报》在厦门出版。同年底，他在新加坡办的中文晚报《星中晚报》也正式发行。他还准备在广州创办一份大型报纸《星粤日报》，但因华南局势动乱被搁置。1938年8月1日，在香港办的《星岛日报》正式出版，是胡文虎星系报业中办得最成功的一份。1941年底太平洋战争爆发前夕，他在马来西亚槟榔屿办的《星槟日报》顺利出版了，而在缅甸的《星仰日报》和在荷属东印度的《星巴日报》因战争未能出版。胡文虎虽然自己没有读过几本书，但是独具慧眼，把握时机，在文化事业的经营中获得巨大的成功。

1945年抗战胜利后，胡文虎不仅迅速恢复战前已经出版的报纸，还在福州创刊《星闽日报》，在上海筹办《星沪日报》。1949年3月，胡文虎在香港创办英文《虎报》（Tiger Standard）。1950年，在泰国创办《星暹日报》，在新加坡也增刊英文《虎报》，甚至购买了一家私人飞机专门运送报纸，这在当时的东方是一个破天荒的创举。这样，星系报业成了华侨界唯一的"托拉斯"，胡氏本人也获封"报业巨子"的称号。

## 2. 热心教育与慈善

胡文虎不仅是名满世界的“万金油大王”“报业巨子”，还是一个举世公认的大慈善家。“人为本，财为用”是其信奉的人生哲学。他常说：“我是取诸社会，用诸社会。自我得之，自我散之，以天下之财，供天下之用。”除了在新加坡出资建设10多所义务学校和中小学外，在国内也先后捐助了上海大厦大学、广州中山大学、厦门大学、福建学院、广州岭南大学、上海两江女子体育专科学校、广州仲凯农工学校、汕头私立回澜中学、海口海琼中学、汕头市立女子中学、厦门大同中学、厦门中学、厦门中华中学、下洋侨育中学、厦门群惠中学等。在捐建国内小学方面，胡文虎以“普及教育扫除文盲为职志”，在1935年捐款350万元，10年内在全国范围建立1000所小学。到抗战爆发前，全国已建成300所小学，其中福建70所，用费150万元，余款200万元他全部认购了“抗日救国公债”，希望抗战胜利后将用其继续兴建小学。由于战后国民党政府的统治导致国内经济萧条，币值大贬，胡文虎的愿望也未能实现。

胡文虎热心于文化教育和医药慈善事业，无心政治。他主要集中精力在新加坡兴办学校，1935年独资创办的新加坡民众义务学校最为著名。该校分上午、下午、夜校、女子部4部，共有1600多名学生，是当时南洋唯一一所设备完善的义务学校，因此广大华侨贫寒子弟也能读书习字。1938年春，他非常支持新加坡中正中学的创办，并任该校董事长，为新加坡华文教育的发展做出了重大贡献。早在1928年时，胡文虎就曾任新加坡南洋华侨中学总经理，并捐献数万元。对其他学校，如南洋女校、崇正学校、养正学校、静方女校、南华女校以及美以美会女校、圣约瑟实业学校等，捐赠设备或资助经费。胡文虎在国内先后捐助过上海大厦大学、广东中山大学、岭南大学、福州福建学院、厦门大学以及广州仲凯农工学校、上海两江女子体育专门学校、汕头市立第一中学、市立女子中学、私立回澜中学、海口琼崖中学、厦门大同中学、厦门中学、双十中学、中华中学、群惠中学等院校。在上述院校中，建有诸如“虎豹堂”“虎豹楼”“虎豹图书馆”“虎豹体育馆”“文虎科学馆”以及“虎豹亭”等纪念性建筑物。

1933年至1934年，他又陆续捐款60万元兴建汕头医院、厦门中山医院、福州福建省立医院（三院各20万元）。其他在国内外独资创办或捐助的医院、麻风医院、接生院（妇产医院）、安老院（养老院）、孤儿院已有40多所。除此之外，他还捐款办了收容流浪儿童的上海儿童教养所、广州儿童新村等。抗日战争期间，胡文虎曾向国民政府汇款1000万元，希望抗战胜利后用于修建县级医院100所，分别存入当时的中央、中国、交通、农民4家银行。抗战胜利后，由于国民党统治下，社会经济萧条，币值一贬再贬，这笔巨款变成一堆废纸，胡文虎的希望也落空了。由于胡文虎热心慈善事业，1950年，英皇特授予他圣约翰救伤队爵士勋位。香港大学也于1951年初设立“胡文虎妇产科病系奖学金”。胡文虎晚年在香港祝寿时，还常常将一些食品、日用品或是现金施舍给穷苦老人和孤儿。

## 3. 支援抗战

胡文虎同其他海外侨胞一样，对故乡怀有深厚的感情，对祖国念念不忘，始终关心着祖国的建设。早在20世纪30年代，胡文虎捐献8万元修筑闽西公路，拿出港币20万元投资兴办福州自来水公司。1933年蒋光鼐主闽时，致力于地方的改革与建设，组织“福建省建设委员会”，任该委员会委员，积极提供医药方面的意见，还在自己的《星州日报》宣传“新福建”，以推动福建省建设计划的实施。

1931年爆发了“九一八”事变，海外华侨纷纷出钱出力，各方声援祖国。胡文虎首捐2.5万元支援东北抗日义勇军。1932年“一·二八”淞沪抗战爆发，十九路军欲拼死奋战。胡文虎当即从银行电汇国币 1 万元给中国红十字会，用来救助前线受伤的将士。2 月下旬，他又电汇 1 万元直接给十九路军的蔡廷锴，并捐赠大量“虎标”良药和其他药品。1937 年“七七”事变后，除了捐赠药品、物质外，胡文虎又出钱组织华侨救护队，直接回国参加抢救伤兵工作。他及时将储存在香港永安堂的一批价值 8000 多元的纱布急运上海，支援抗口救护队，另又捐赠数辆救护车给中国红十字会总会和福建省政府。他先后义捐总数达 300 多万元。

1945 年，抗战胜利。1946 年，心系家乡的胡文虎在新加坡发起组织“福建经济建设服务有限公司”，亲自担任筹备委员会主任，准备经营金融、交通、工业、矿产以及茶叶、水果等土特产。该公司总资本初步定为国币 300 亿元，计划在东南亚募股 200 亿元，在国内募股 100 亿元，他自己率先承担 10 亿元。由于国民党政府正忙于内战，无暇顾及胡文虎回国的投资活动，这相当于给海外侨胞泼了一盆冷水，整个投资计划终告失败。

广东解放之后，叶剑英担任广州市市长，胡文虎两次给他写信表达自己的意愿，他想为广州儿童教养院捐 13 万港币来修建 1 座礼堂，为贫困同胞救济 2 万斤米，也愿意认购 2 万份胜利公债。他为了表达自己对新政权的拥护，向记者表示："本人除热忱爱护国家，希望祖国富强、华侨地位提高外，对于政党政治，素不参与，凡能掌握政权，增进人民幸福者，俱为本人所愿竭诚拥护。"

胡氏在东南亚的事业，从20世纪60年代起开始衰落，股权大部分已经转入他人之手。胡仙是胡文虎的大女儿，早年就读于中国香港和新加坡，后在美国哥伦比亚修读新闻专业，又获香港中文大学授予荣誉法学博士学位。1954年，从其父手中接管星系报业有限公司，任董事长。1972年，该公司改名为"香港星岛报业有限公司"，办有《星岛日报》《星岛晚报》及英文《虎报》等。她本人成为世界中文报业协会蝉联主席、"唯一的华裔跨国社长""新闻女王"，名气不亚于乃父当年。

胡文虎家族人丁不旺，将女儿选为接班人被认为是一种无奈之举。儿子胡好因飞机事故早于胡文虎离世，其余儿子没有经商的头脑，只是继承了他散落在东南亚各地的药业公司。胡文虎只得将复兴星报系的任务交给了女儿胡仙。但是，盛极一时的星报系现在只剩下位于香港的《星岛日报》在勉强为继,其子报《星岛晚报》则处于亏损状态。

胡文虎去世30年后，其女胡仙打造出星岛报系，成为享誉港岛的"报业女王"。极盛之后，一连串的厄运开始降临。1985年的一次土地拍卖会上，胡仙以6.36亿港元拍得香港尖沙咀广东道太阳广场地块。半年后，胡仙以8.3亿港元将该地售出，中间获利2亿港元。胡仙看到房地产业利益如此丰厚，便逐渐将重心转移到房地产投资上。除了进军香港地产外，她还在澳大利亚、新加坡、美国、加拿大等地参与了近20项物业投资。但是自1989年起，海外地产业开始不景气，胡仙由此背负沉重的债务。尽管如此，她并没有在此行业上止步。同年12月，胡仙开始涉足中国内地房地产市场。1996年1月，胡仙孤注一掷，联合香港新创新公司、广州市煤建公司、广州五羊房地产公司，投资16亿元兴建广州翠湖山庄。然而，获益结果却远不如预料的那样。期间，胡仙再向港澳多名财富大亨举债数亿。1997年爆发的金融危机再次给了本就危在旦夕的胡仙最后一击，星岛集团股价跌至不足1元。胡仙彻底绝望，无奈之下只好变卖祖业偿还债务。1999年3月，胡仙不得已将星岛报业出售给国际传媒集团，辞去星岛报业主席之职，但可以担任董事会的特别顾问6年，每年获得900万元利润分成，这才让胡仙免于陷入破产的绝境。

1998年以后，胡仙几乎不再涉足商界，同其父亲一样，把精力投注于慈善事业。1972年，胡仙担任在香港成立的胡文虎基金会主席一职，她还将位于广州、福建永定的胡氏家族的房产赠送给当地政府，辟为广州市少年儿童图书馆和胡文虎纪念馆。1993 年，胡仙在福建成立了胡文虎基金会，主要承担胡氏家族在闽、粤两地的慈善事务。

# 审判日本战犯的中国大法官——梅汝璈

梅汝璈（1904—1973），字亚轩，江西南昌人，1924年毕业于北京清华学校，也就是现在的清华大学，随后前往美国留学。1926年毕业于斯坦福大学，还以优等生的身份选入“怀·白塔·卡帕”荣誉学会，后来又去芝加哥大学继续深造学习法律，1928获得法学博士学位，并先后游历了英、法、德、苏联等国。1929年春，他回到了祖国。一生注重将中国文化与西方文化“会通”的他看重了山西大学的办学宗旨，欣然应聘该校法律系。此后，他先后任教南开大学、武汉大学，讲授英美法学、政治学、民法概论、刑法概论、国际司法等课程。

梅汝璈

他经常向学生强调“法治”的重要性，并且经常以“耻不如人”的清华精神谆谆告诫莘莘学子。他严谨、务实的学术风格和高尚的人品深受学生们的爱戴。1933年，梅汝璈被任命为国民政府内政部参事兼刑事诉愿委员会委员。次年出任立法院立法委员，同时兼任立法院涉外立法委员会主任委员和外交委员会代理委员长、国防最高委员会专门委员、中山文化教育馆编译部主任及《时事类编》半月刊主编等职,并在复旦大学、中央政治学校等院校兼职讲授英美法学课程。以后曾任国民党政府行政院院长宋子文、外交部部长王世杰的助手;1946年,于远东国际军事法庭任中国代表法官，参与第二次世界大战后之审判日本战犯及他们对亚太地区引发大规模战争和伤害所应负的责任。中华人民共和国成立后，历任第一届全国人大代表、全国人大常委会法案委员会委员、全国政协委员，1973年在北京逝世，终年68岁。

## 1. 席位之争

1945年随着日本无条件投降，第二次世界大战宣告结束。按照有关国际公约和规定，国际社会组成了专门的东京军事法庭，对在第二次世界大战中对邻国和世界犯下严重战争罪行的日本法西斯战犯进行国际审判。法庭由中、美、苏、英、法、印度、澳大利亚等11国指派的11名法官组成。

在中国，这一光荣而艰巨的任务落在了梅汝璈的肩上。这是一个难得的历史机遇,也是一件棘手的工作。梅汝璈对此是什么态度呢？据梅汝璈之子梅小璈回忆，他的母亲生前曾经谈到，他的父亲本是一介书生，对于个人的升沉显隐、进退穷达并不在意。但是，作为一个中国人，当祖国的亿万同胞经过长期而惨烈的抗战,在付出了巨大牺牲之后,终于可以派出自己的代表,以胜利者的姿态，以审判者的身份出现在国际舞台上，出现在国际军事法庭上，而父亲个人又有幸承担了这一使命的时候，那么，“郑重其事”“勉力而为”“不辱使命”便成了唯一的选择。梅汝璈早年毕业于清华学堂，他清楚地知道，是全中国的父老乡亲支撑了清华学子的学业，受了清华的教育，就意味着对国家、民族应当有什么样的担当。这种认识决定了他此后的人生选择。

1946年1月，远东国际军事法庭开始组建。1948年底，11国法官各自归国。在历时两年半开庭818次的漫长过程中，受中国政府指派的梅汝璈代表受害的4万万中国同胞，开始了声讨战犯罪行的艰难历程。

1946年3月19日，梅汝璈抵达东京。来自美国、英国、苏联、法国、印度、加拿大、新西兰、荷兰、菲律宾、澳大利亚和中国的11位法官组成审判庭，开始投入审判工作。他们审判的对象是轴心国日本在亚洲和太平洋地区发动的大规模侵略战争的主要战争责任者——由国际检察处起诉的28名日本高级军政人员。而他遇到的第一个问题，就是作为最大受害国的中国在庭审中的席位问题。

抗日战争中，中国与日本进行了长达14年的抗战，毫无疑问是同盟国中受苦最深、受害最惨的国家，在对日本战犯的审判中理应最有发言权并占有绝对优势地位。然而在由美国一手操纵的国际军事法庭中，澳大利亚韦伯法官担任了审判长，而在美、中、英、苏、加、法、新、荷、印、菲等10国法官的座次安排问题上，中国又显然受到了不公正对待。由于庭长韦伯坚持美、英居中的做法，不按受降顺序安排座次，以美、英、中、苏、加、法、新、荷、印、菲作为入场顺序，把中国法官的座次排在英国之后。为坚持法律原则，梅汝璈不惜在这一问题上与当时的盟军最高统帅部和美国的麦克阿瑟将军针锋相对。在开庭前预演时，他立即提出强烈抗议，力争合理席位，并表示了极大的愤慨："如论个人之座位，我本不在意。但既然我们代表各自国家，我认为法庭座次应该按日本投降时各受降国的签字顺序排列才最合理。首先，今日系审判日本战犯，中国受日本侵害最烈，且抗战时间最久、付出牺牲最大，因此，有14年浴血抗战历史的中国理应排在第二。再者，没有日本的无条件投降，便没有今日的审判，按各受降国的签字顺序排座，实属顺理成章。”他的抗议引起了极大的争议，庭长甚至对他进行威逼恐吓。梅汝璈愤然脱下象征着权力的黑色丝质法袍，拒绝“彩排”，表示要退出审判。他说：“今日预演已有许多记者和电影摄影师在场，一旦明日见报便是既成事实。既然我的建议在同仁中并无很大异议，我请求立即对我的建议进行表决，否则，我只有不参加预演，回国向政府辞职。”他的据理力争、不卑不亢、有理有节，终于打动了庭长。庭长当即召集法官们表决，结果，以梅汝璈为代表的多数法官的合理要求取得了胜利。开庭当日，入场顺序和法官座次按日本投降各受降国签字顺序安排，中国法官的座位紧挨庭长，居整个审判席的正中央。

这次斗争，梅汝璈为我国争得了应有的位置，捍卫了中华民族的尊严。

## 2. 不懈的坚持

当时接受审判的日本，为获得国际社会的同情和支援，采取了“哀兵策略”。对此，身临其境的梅汝璈深有体会。他注意到，无论是日本官方公布的统计数字，还是报纸、广播的新闻报道，都连篇累牍地大讲特讲日本的经济状况如何糟糕，人民生活如何困窘，整个日本是一副战争受害者的可怜相。而通过对日本人民生活状况、精神面貌的观察，梅汝璈得出了与传媒宣传恰恰相反的印象。他认为，日本民众面色红润、气定神闲，并无普遍的饥荒及瘟疫发生，宏观经济形势也并不像人们普遍认为的那样坏。然而，此时的美国为了牵制苏联、维护自己在远东的利益，采取了全面扶持日本的政策。在对待日本战犯的问题上，美国采取了姑息养奸的态度。麦克阿瑟以盟军最高统帅的身份指示国际检察处擅自释放了日本金融实业界巨头、大财阀、大军火商和在政治、军事、外交上恶名昭著的其余 40 名甲级战犯。对这些沾满他国人民鲜血的战争罪魁祸首，他们却得出了“罪证不足、免予起诉”的结论。

即便对于 28 名日本政治、军事、外交上负首要责任的元凶巨魁，他们同样抱着袒护的态度，以各种各样的借口，一再要求量刑从轻。围绕对战犯的量刑问题，法官们再次发生了激烈的争辩。在远东国际军事法庭上担任东条英机的辩护律师、后来出任日本国会众议院议长的极端右派分子、自由民主党要人清濑一郎，在法庭上甚至宣称远东国际军事法庭的组建不合法，11 国法官都不具备审案资格，战败国军政领导人对战争不应负个人责任。

而主张从轻发落的法官们从各自的立场出发，又分成3种不同的意见。其中一些人由于所在的国家在第二次世界大战中没有过多遭到日军的侵略，对日本军国主义的残暴罪行缺乏切肤之痛，他们因此主张对战犯从宽处理；还有的法官则由于国内刑法废除了死刑而不赞同对战犯处以死刑；剩下的人则以人道主义为借口，反对处死罪大恶极的战犯。

针对其他法官的看法，梅汝璈逐条进行了驳斥。他举出了大量的人证、物证，甚至提交了纳粹德国驻南京大使馆打给德国外交部的秘密电报，以充分的证据证实了日军的暴虐和残酷，例如，仅在南京大屠杀，日军就使用了砍头、挖心、水溺、火烧、砍四肢、割生殖器等令人发指的暴行，较之德军在奥斯威辛集中营单纯用毒气杀人的办法残酷百倍。他认为，对这样一些灭绝人性、不负责任的战争罪魁，远东国际法庭判处其绞刑才是完全符合正义的举动，坚决主张对首恶必须处以死刑。

梅汝璈慷慨陈词，据理力争。为了伸张正义，将战犯绳之以法，他与其他不赞成死刑判决的国家的法官进行了无数次争论与磋商。11名法官就死刑问题进行表决，最终将对中国人民犯下滔天罪行的罪魁祸首土肥原贤二、东条英机、松井石根等7名战争首犯送上了绞刑架。

在法庭最后环节的工作——判决书的撰写问题上，各执己见的法官们再次引发了一场激烈的辩论。当时，有人主张判决书统一书写，但梅汝璈对此提出反驳，他认为有关日本军国主义侵华罪行的部分，中国人受害最深，中国人最明白自己的痛苦，中国人最有发言权，因此，这一部分理当由中国人自己撰写。他坚持立场、毫不让步，终于争取到由中国人自己起草判决书中有关中国的部分，并促使判决书中专设一章来记载南京大屠杀。经过他的交涉，由这次历史性审判而形成的长达 90 余万字的国际刑事判决书，留下了梅汝璈代表 4 亿多受害中国人民写下的 10 多万字。

梅汝璈再次以其凛然正气和爱国之心为中国人争得了荣誉和尊严。

1948 年 12 月，国民党政府宣布任命梅汝璈为行政院委员兼司法部部长，但对挑起内战的国民党政府彻底失望的他拒绝赴任。1949 年 6 月，南京、上海相继解放，他由东京设法抵香港与中共驻港代表清华校友乔冠华取得联系，秘密由港赴京。抵京第三天，便应邀出席了中国人民外交学会的成立大会，周恩来在会上这样介绍他："今天参加这个会的，还有刚从香港回来的梅汝璈先生，他为人民办了一件大好事，为国家争了光，全国人民都应该感谢他。"

梅汝璈此后以极大的热情投入到新中国的外交事业和法制建设，并历任第一届全国人民代表大会代表、法案委员会委员，第三、四届中国人民政治协商会议全国委员会委员，以及世界和平理事会理事、中国人民外交学会常务理事、中国政法学会理事。他还以极大的精力，投入著述创作中，先后写出了《远东国际军事法庭》《关于谷寿夫、松井石根和南京大屠杀事件》等著作，其著述还包括早年用英文写成的《中国走向宪治》和《中国战时立法》。

对法律原则的坚持、对做学问的严谨态度、对正义的追求和对国家的热爱，使得梅汝璈无论是在学术界还是在政界都颇受好评。他渊博的学识、高尚的人品，使得他备受尊敬，声誉日隆。然而，真正让他闻名于世的，正是在抗战胜利后，他代表中国奔赴日本东京的远东国际军事法庭，成为对日本战犯进行国际审判的法官之一。在这场历时两年半、“在侵略者的国度对侵略者实行正义的审判”中，中国法官梅汝璈穿着一件黑色丝质法袍，和来自世界其他国家的 10 位法官一道，审判了在第二次世界大战中对中国人民犯下滔天罪行的日本战犯，为 4 万万中国同胞讨还了血债。他坚持法律原则，有理有节，在“法官席位之争”“坚持死刑判决”和“起草判决书”等多个关键时刻，用自己的智慧、勇气和学识进行了坚决而卓有成效的斗争，维护了国家的尊严和人民的利益，赢得了全世界人民的敬重。

## 延伸阅读

### 伸张国际正义的法学泰斗倪征燠

倪征燠 1906 年 7 月出生在吴越大地的一个书香世家，自幼就受中国古代文化的熏陶。早年他目睹和经历了旧中国的软弱无能和帝国主义列强对中国的野蛮侵略。帝国主义在华实行的“治外法权”（即“领事裁判权”）等特权和人间的阶级压迫与不平等，对他年轻的心灵产生了很大的冲击。为帮助国家和百姓在法律上讨个公道，他立志学法，并考入东吴法学院，从此走上了学法之路。他学习非常刻苦，经常“深夜不辍”。1925 年，他入东吴大学一年级时，40 余人济济一堂，但到 1928 年毕业时，因学习压力太大，仅剩了 13 人。是年，倪征燠东渡美国就读于斯坦福大学，次年获法学博士学位。1929—1930 年，任美国约翰·霍普金斯大学法学研究所荣誉研究员。正如国务院原副总理钱其琛在为倪征燠的回忆录《淡泊从容莅海牙》一书所作序言中指出的："将近一个世纪以来，倪征燠抱定爱国主义信念，始终如一地将个人的前途和祖国的命运紧密地联系在一起。在风雨飘摇的旧中国，为寻找救国救民之路，他蓄志学法，继而赴海外深造。"

"二战"后，盟国约定依法对日本战犯给予法律制裁，并为此成立了远东国际军事法庭，并于 1946 年 5 月开庭。法庭的审判程序实际上按英、美、法制度进行。第一批受审的是以东条英机为首的 28 名罪大恶极的甲级战犯，多为侵华元凶。从 1931 年沈阳"九一八"事变开始，到 1945 年日本投降，在长达 14 年的时间里，日本侵略者的铁蹄横行于我国长城内外、大江南北，烧、杀、淫、掠，无所不为，使中国人民生活在水深火热之中。死亡的中国人高达 3000 多万，财产损失不计其数。这是一笔对中国人民难以还清的血债。但是，由于当时国民党政府对于东京审判不予重视，以为这是一场"战胜者对战败者的官司"，毋需提出什么证据，加之为战犯们辩护的美国律师蓄意制造障碍，越发助长了土肥原贤二和板垣征四郎之流的嚣张气焰。如果不能举出铁证，战犯们就不会认罪，难处极刑，这根本无法向受尽磨难的中国人民交代，更无法慰藉死于日本刺刀之下的同胞们的在天之灵。

1947 年初，倪征燠刚从国外考察回来，受命担任东京远东国际军事法庭中国检查处的首席顾问。他沉着应对，积极谋划，和中国检查处的成员在各地多方寻找可能提供证据的重要证人，并设法进入到已被封闭的日本前陆军省旧档案库，查找有关土肥原和板垣的罪证。倪征燠在回忆录中写道："这里必须指出，审判日本战犯，从国际法的意义来看，主要在于维护世界秩序、主持国际正义，而不是'以牙还牙'的单纯复仇主义。但是日军侵华所造成的死亡人数达 3000 万，财产损失难以胜计，若对主要战犯不予严厉惩处，还能说是什么维护世界秩序，主持国际正义？我们还有何面目回国见江东父老？"正是出于维护国际法制和国际正义的严正立场以及强烈的爱国主义信念，面对土肥原和板垣使出的各种抗辩伎俩和不光彩的手法，他都给以迎头痛击，并义正词严、依法据理、证据确凿地与这些侵华元凶进行面对面的针锋相对的斗争，最终通过国际法庭于 1948 年 12 月判处东条英机等 7 名甲级战犯极刑，把他们送上了绞刑架。

2004 年，中央电视台多次播放的《丧钟为谁而鸣》纪录片中，再现了倪征燠在远东国际军事法庭上大义凛然地质问战犯板垣征四郎的历史画面。倪征燠在诘问板垣的同时，也指向土肥原，怒目而视之。回忆这段历史情景时，倪征燠说："这时候我觉得好像有亿万中国同胞站在我后面支持我的指控，使我几乎泪下。""这场战斗，对我来说，是一场殊死战，因为我受命于危难之际，当时已把自身的生死荣辱，决定于这场战斗的成败。事后追忆，历历在目，既有酸辛苦楚，亦堪稍自告慰，有不可言喻之感慨。”倪征燠的浩然正气完全压倒了战犯们的鬼蜮伎俩，使他们如坐针毡。他在国际军事法庭上创造的辉煌使人永志难忘。

# 后 记

“一带一路”相关国家众多，代表性人物众多，为中外交好、民心相通作出杰出贡献的人士众多。因此，为“一带一路”璀璨群星立传，既使命光荣，又责任重大。在这项浩大工程的策划、组织、执行过程中，有许许多多的人士参加了有关传主的名单征集和审定，以及写作、翻译、审读、编辑、出版、筹资、联络等繁重而琐细的工作。所有参与的人员，以拳拳报国之心，尽深厚学养之力，克服了时间紧、任务重、要求高、压力大等诸多困难与挑战，最终圆满完成了任务。在本书付梓之际，丛书编委会特向参与本项目的全体同志致以崇高敬意和衷心感谢！

同时特别需要鸣谢的是，提出策划并领导实施此项目的中国传记文学学会会长王丽博士，基于长期法律实务经验和担任“一带一路服务机制”主席职务的便利，她对相关国家和“走出去”的“一带一路”建设者和广大青少年的需求了解真切，提出应当为他们写一套介绍各国典型人物的简明易读的传记，为他们提供健康的精神食粮。她把这项“额外”的工作当成了事业，联袂商会筹集资金、苦口婆心招揽作者、精心挑选传主名录、夙夜青灯挥笔写作、近乎偏执逐字推敲、亲力亲为呕心沥血。面对如此浩大的出版项目和繁重的出版任务，中国出版集团华文出版社不但毅然承担了出版任务，而且集团和出版社的领导与中国传记文学学会的负责同志一起协商，寻求有关部门的支持和帮助，努力将该传系打造成高质量的精品好书。在此，我们特向项目牵头人和中国出版集团公司、华文出版社的相关领导和编辑致以崇高敬意和衷心感谢！

尤其让我们感动的是，在项目执行过程中，一些富有家国情怀的民间商会和企业家的慷慨解囊，虽不足以支撑项目的全部费用，但是他们所表现出的热心和支持，让我们坚定了走下去的信心和决心。在此，我们要特别鸣谢为本书的创作出版做出捐赠支持的中国民营经济国际合作商会、亿阳集团股份有限公司、富通集团有限公司以及太平洋证券股份有限公司，并对他们的拳拳报国之心和慷慨无私帮助致以崇高敬意和衷心感谢！

一项伟大的事业，离不开许多默默无闻的奉献者。在本传系的组织、编写、出版过程中，有历史、文学、科研、外交、教育、法律、翻译、出版等领域的数百位专业人士参与，恕不能在此处一一详列。需要特别提出的是，鞠思佳、景峰等同志为组织联络、搜集资料到处奔波而毫无怨言，唐得阳、唐岫敏、白明亮、谭笑等同志在编写、翻译和编辑、校对过程中的细致与负责让我们感动，赵实、胡占凡、高明光、吴尚之、刘尚军、李岩、王灵桂、李永全、陈小明、许正明、宋志军等同志睿智的指点和专业的帮助让我们避免了走许多弯路。在此，我们特向以上各位同志致以崇高敬意和衷心感谢！

当然，由于我们水平所限，本丛书难免有某些不尽人意之处和瑕疵，敬请学界专家和各位读者不吝赐教，我们将在作品再版之时吸收完善。在此，我们也向各位读者提前表示崇高敬意和深深感谢！

"'一带一路'列国人物传系"编委会<br>2018 年 3 月 8 日